영어의 규칙을 완벽히 습득

# 영문법 기초품사 누적복습

PLAY & LEARN with ACTIVITY BOOKS

# 효과적인 문법 학습 방법

**1** **SPEAK** **GRAMMAR** 문법 규칙들을 3회 이상 소리 내어 읽으세요.

문법 학습 과정에서 가장 먼저 하는 단계는 문법 규칙들을 읽는 것입니다. 그런데, 문법을 눈으로 읽고 머리로는 이해하지만, 실제로 적용하여 쓰거나 어법 문제를 풀 때는 제대로 문법을 사용하지 못하는 경우가 많습니다. 실제로 사용할 수 있는 정도의 수준이 되려면, 입으로 말할 수 있는 정도가 되어야 합니다. 그래서 이 단계에서는 눈으로만 확인하지 말고, 소리 내어 입으로 영어의 규칙들을 읽으면서 문법을 체득하도록 합니다.

**2** **DO** **GRAMMAR** 활동들을 통해 문법 규칙을 재미있게 익히세요.

문법 학습에서 어려움을 느끼는 부분 중 하나는, 문법을 글로 읽고 바로 확인 문제를 풀어야 한다는 것입니다. 방금 읽은 내용이지만, 문제로 만나는 문법의 턱은 너무 높습니다. 이 부분에서 많은 학습자들이 좌절하게 됩니다. 연결하기, 칸 채우기, 틀린 부분 찾기 등, 문법 규칙을 익힐 수 있도록 고안된 재미있는 활동들을 통해, 소리 내어 읽었던 문법 규칙을 한층 더 제대로 체득하도록 합니다.

**3** **CHECK** **GRAMMAR** 배운 문법을 문제를 통해 확인하세요.

모든 학습에 있어서 그렇듯이, 문제를 통해 이해도를 확인하는 과정은 매우 중요합니다. 앞서 SPEAK GRAMMAR 와 DO GRAMMAR 과정을 거쳤기 때문에, CHECK GRAMMAR에서의 문법 확인은 학습 효과가 훨씬 클 것입니다. 하지만 한 가지 형태의 많은 문제를 풀게 되면 피로도가 높아지고 집중력이 떨어집니다. 다양한 형태의 문제를 통해 학습자가 지치지 않고 재미있게 게임하듯 문제를 풀면서 문법을 확실히 익힐 수 있습니다.

**4** **누적 복습** **GRAMMAR** 앞서 배운 내용들을 누적하여 복습하세요.

학습한 내용이 완벽하게 자신의 것이 되기 전까지는 배우고 잊는 과정을 되풀이하게 되고, 그래서 복습 과정이 절대적으로 필요합니다. 하지만 안타깝게도 복습은 대부분 스스로의 몫인 경우가 많아, 힘들게 익힌 내용들을 오래 기억하기가 쉽지 않게 됩니다. 그래서 이 책에서는 책 안에서 '누적 복습'을 할 수 있도록 제시되었습니다. '누적 복습'은 이전에 학습한 내용과 새로 학습한 내용을 연결하여 좀 더 큰 틀에서 문법을 이해할 수 있도록 도와주는 것은 물론, 문법을 오래 기억하고 완벽하게 체득하도록 할 것입니다.

# 구성 및 학습의 흐름

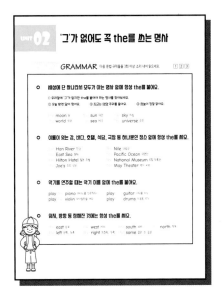

문법 규칙을 소리 내어 읽으며 익히기

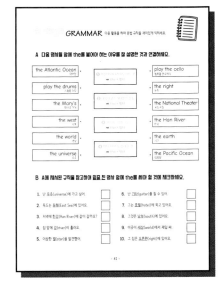

활동을 통해 문법 체득하기

문법을 이해했는지 확인하기

# CHAPTER 누적 복습

이전 Chapter들을 누적하여 복습하기

# UNIT 누적 복습

이전 Unit들을 누적하여 복습하기

# UNIT 누적 확인

Unit들을 누적하여 문법 규칙 종합 확인하기

# 목차 및 학습 계획

학습한 부분에 체크(✓)하고 학습한 날짜를 적으세요.

| UNIT 누적 복습 1 | UNIT 누적 복습 2 | UNIT 누적 복습 3 | UNIT 누적 확인 | CHAPTER 누적 복습 | 학습 날짜 | |
|---|---|---|---|---|---|---|
| | | | ∨ | | 월 | 일 |
| | | | | | 월 | 일 |
| | | | | | 월 | 일 |
| | | | | | 월 | 일 |
| | | | | | 월 | 일 |
| | | | | | 월 | 일 |
| | | | | | 월 | 일 |
| | | | | | 월 | 일 |
| | | | | | 월 | 일 |
| | | | | | 월 | 일 |
| | | | | | 월 | 일 |
| | | | | | 월 | 일 |
| | | | | | 월 | 일 |
| | | | | | 월 | 일 |
| | | | | | 월 | 일 |
| | | | | | 월 | 일 |
| | | | | | 월 | 일 |
| | | | | | 월 | 일 |
| | | | | | 월 | 일 |
| | | | | | 월 | 일 |
| | | | | | 월 | 일 |
| | | | | | 월 | 일 |
| | | | | | 월 | 일 |

# 시제편 목차 짝꿍 교재인 시제편의 목차입니다. 학습 계획에 참고하세요.

# MEMO

# CHAPTER 01 명사

# 셀 수 있는 명사와 셀 수 없는 명사

**SPEAK GRAMMAR** 다음 문법 규칙들을 3회 이상 소리 내어 읽으세요. ☐1 ☐2 ☐3

○ **명사는 모든 사람, 사물의 이름이에요.**

↳ 사과, 물, 공기, 책, 산, 강, 비, 선생님, 학생, 우유, 사랑, 우정 등 모든 이름을 명사라고 해요.

⇨ 우리말에서 명사를 찾아보세요.

① 저 귀여운 <u>소녀</u>가 <u>미선</u>이니?     ② <u>바람</u>은 이 작은 <u>마을</u>을 지나.     ③ 내 <u>의자</u>는 그 <u>방</u>에 있어.

○ **명사는 셀 수 있는지, 없는지를 구분해야 해요.**

↳ '~ 하나', '~ 둘'과 같이 '~'에 명사를 넣어 세어 보세요. 자연스러우면 셀 수 있는 명사, 자연스럽지 않으면 셀 수 없는 명사예요.

| 셀 수 있는 명사 | 셀 수 없는 명사 |
|---|---|
| apple 사과, book 책, teacher 선생님, student 학생, mountain 산, river 강 | water 물, air 공기, rain 비, milk 우유, love 사랑, friendship 우정 |

○ **셀 수 있을 것 같지만, 셀 수 없는 명사에 주의하세요.**

↳ 이런 명사들은 '한 판, 한 조각, 한 장, 한 스푼'과 같이 단위를 이용해 셀 수 있지만, 직접은 셀 수 없어요.

| pizza 피자 | bread 빵 | salt 소금 | sugar 설탕 |
|---|---|---|---|
| time 시간 | sweat 땀 | furniture 가구 | paper 종이 |
| money 돈 | music 음악 | dust 먼지 | hair 머리카락 |

**'사람, 나라 이름, 태양'과 같이 세상에 하나뿐인 것은 셀 수 없는 명사예요.**

| earth 지구 | moon 달 | sun 태양 | Sujin 수진 |
|---|---|---|---|
| Korea 한국 | Seoul 서울 | English 영어 | Chinese 중국어 |

## A  우리말 문장에서 사람, 사물의 이름(명사)을 찾아보세요.

1. 이 작은 도시가 이 큰 나라의 수도이다.

2. 이 아름다운 호텔을 많은 사람이 찾는다.

3. 저 사람은 나의 삼촌, Jack이에요.

4. 영희는 부모님과 프랑스의 한 마을로 떠났어요.

## B  다음 명사들을 해당하는 규칙에 맞게 연결하세요.

rain 비 •

car 자동차 •

water 물 •

England 영국 •

Japanese 일본어 •

❶ '~ 하나', '~ 둘'과 같이
셀 수 있는 명사

❷ 세상에 하나뿐이거나
'~ 하나', '~ 둘'과 같이
셀 수 없는 명사

• hour 1시간, 시각

• sister 여동생

• Minjung 민정

• wind 바람

• coin 동전

## C  다음은 셀 수 있을 것 같지만, 실제로는 셀 수 없는 명사들이에요. 암기한 후 체크하세요.

1. pizza 피자 ☑

2. furniture 가구 ☐

3. time 시간 ☐

4. money 돈 ☐

5. hair 머리카락 ☐

6. dust 먼지 ☐

7. sugar 설탕 ☐

8. paper 종이 ☐

9. bread 빵 ☐

10. salt 소금 ☐

11. music 음악 ☐

12. sweat 땀 ☐

## A  다음 중 셀 수 있는 명사에는 O, 셀 수 없는 명사에는 X 표시 하세요.

1. pencil 연필 — O
2. sun 태양 — X
3. time 시간 — ☐
4. Sujin 수진 — ☐
5. paper 종이 — ☐
6. doctor 의사 — ☐

7. earth 지구 — ☐
8. furniture 가구 — ☐
9. Chinese 중국어 — ☐
10. chair 의자 — ☐
11. cup 컵 — ☐
12. moon 달 — ☐

13. Seoul 서울 — ☐
14. girl 소녀 — ☐
15. house 집 — ☐
16. salt 소금 — ☐
17. music 음악 — ☐
18. eraser 지우개 — ☐

## B  다음 명사들을 셀 수 있는지, 없는지 구분해 쓰세요.

| | | | | |
|---|---|---|---|---|
| pizza 피자 | eagle 독수리 | sweat 땀 | table 탁자 | Korea 한국 |
| music 음악 | car 차 | milk 우유 | potato 감자 | flour 밀가루 |
| watch 손목시계 | bread 빵 | picture 그림 | money 돈 | animal 동물 |

| 셀 수 O | 셀 수 X |
|---|---|
| eagle, | pizza, |

## 명사의 개념

**1.** 명사는 사과, 물, 공기, 책, 산, 강, 비, 선생님, 학생, 우유 등 모든 사람, 사물의 이름 을 말해요.

## 셀 수 있는 명사 vs. 셀 수 없는 명사

**2.** 명사는 '~ 하나', '~ 둘'과 같이 수를 셀 수 있는 명사와 셀 수 없는 명사로 구분해요.

| 셀 수 | 명사 | 셀 수 | 명사 |
|---|---|---|---|
| apple 사과, | 학생, river 강 | 우유, love 사랑, rain 비 | |
| teacher 선생님, | 책, mountain 산 | water 물, | 공기, friendship 우정 |

**3.** '한 판, 한 조각, 한 장, 한 스푼'과 같이 단위로만 셀 수 있으면, 　　　　명사로 구분해요.

| 피자 | time 시간 | 종이 | money 돈 |
|---|---|---|---|
| 설탕 | music 음악 | sweat 땀 | hair 머리카락 |
| furniture 가구 | dust 먼지 | salt 소금 | 빵 |

**4.** '사람, 나라 이름, 태양'과 같이 　　　　은 셀 수 없는 명사예요.

| 지구 | Sujin 수진 | 한국 | Chinese 중국어 |
|---|---|---|---|
| moon 달 | 영어 sun 태양 | | Seoul 서울 |

_____ / 17 문제

# 명사의 단수와 복수 표현

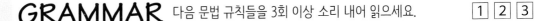
## GRAMMAR 다음 문법 규칙들을 3회 이상 소리 내어 읽으세요. ☐1 ☐2 ☐3

**➔ 셀 수 있는 단수(하나) 명사 앞에는 '어떤 하나'라는 뜻의 부정관사 a를 써요.**

↳ 부정관사의 '부정'이란 '정해지지 않은 것'이라는 의미이며, '관사'란 명사 앞에 붙이는 말을 뜻해요.

(X) I have <u>book</u>.
(O) I have a <u>book</u>. 나는 어떤 책을 가지고 있다.

**➔ 모음 발음으로 시작하는 단수 명사 앞에는 부정관사 an을 써야 해요.**

↳ 모음 발음 /a/(아), /e/(에), /i/(이), /o/(오), /u/(우)로 시작하는 명사 앞에는 an을 써요.

an apple 사과 하나      an orange 오렌지 하나
an egg 계란 하나      an umbrella 우산 하나

**➔ 셀 수 있는 복수(둘 이상) 명사는 a, an 없이, 끝에 복수형 -s를 써요.**

| a / an + 단수 명사 | 복수 명사 + -s |
|---|---|
| a book 책 한 권 | books 책들 |
| an egg 계란 하나 | eggs 계란들 |

**➔ 셀 수 없는 명사는 부정관사(a, an)도 복수형(-s)도 붙이지 않아요.**

air 공기    water 물    money 돈    time 시간

**주의해야 할 단어**
- hour(시간)의 h는 묵음(발음되지 않는 소리)으로, /아워/라고 발음해요. ▸ an hour 한 시간
- university(대학)의 u는 /ju/(유)라는 발음으로, /j/는 자음이에요. ▸ a university 한 대학

## DO GRAMMAR 다음 활동을 하며 문법 규칙을 재미있게 익히세요.

## A 제시된 규칙에 해당하는 단수(하나) 명사와 연결하고, 알맞은 형태로 쓰세요.

| 규칙 | 명사 | |
|---|---|---|
| ❶ 자음 발음으로 시작하는 셀 수 있는 단수 명사 ➡ <u>a</u> + 단수 명사 | • egg 계란 하나 | ➡ *an egg* |
| | • desk 책상 하나 | ➡ |
| | • elephant 코끼리 한 마리 | ➡ |
| ❷ 모음 발음으로 시작하는 셀 수 있는 단수 명사 ➡ <u>an</u> + 단수 명사 | • wind 바람 | ➡ |
| | • uncle 삼촌 한 명 | ➡ |
| | • juice 주스 | ➡ |
| ❸ 셀 수 없는 명사 ➡ 아무것도 붙이지 않음 | • ant 개미 한 마리 | ➡ |
| | • umbrella 우산 하나 | ➡ |

## B 우리말의 밑줄 친 명사를 알맞은 칸에 알맞은 형태의 영어로 쓰세요.

| | ❶ a + <u>자음</u> 시작 단수 명사 | ❷ an + <u>모음</u> 시작 단수 명사 | ❸ 복수 명사 + -s |
|---|---|---|---|
| 1. 두 귀(ear)를 막으세요. | | | *ears* |
| 2. 한쪽 눈(eye)을 가리세요. | | | |
| 3. <u>손가락(finger)</u> 두 개를 펴세요. | | | |
| 4. <u>발가락(toe)</u> 하나에 힘을 주세요. | | | |
| 5. 양 손(hand)을 가리세요. | | | |
| 6. 두 팔꿈치(elbow)를 책상에 붙이세요. | | | |

## A 알맞은 부정관사를 고르세요. (관사가 필요 없는 경우 X를 고르세요.)

1. 가방 ( a / an / x ) bag
2. 오렌지 ( a / an / x ) orange
3. 주스 ( a / an / x ) juice
4. 다리 ( a / an / x ) leg
5. 곰 ( a / an / x ) bear
6. 차 ( a / an / x ) car
7. 캐나다 ( a / an / x ) Canada
8. 감자 ( a / an / x ) potato
9. 코끼리 ( a / an / x ) elephant
10. 당근 ( a / an / x ) carrot

11. 인형 ( a / an / x ) doll
12. 커피 ( a / an / x ) coffee
13. 붓 ( a / an / x ) brush
14. 영웅 ( a / an / x ) hero
15. 지우개 ( a / an / x ) eraser
16. 로봇 ( a / an / x ) robot
17. 장난감 ( a / an / x ) toy
18. 밀가루 ( a / an / x ) flour
19. 시간 ( a / an / x ) time
20. 비행사 ( a / an / x ) pilot

## B 우리말을 보고, 명사 앞뒤에 a, an 또는 -s를 넣으세요. (필요 없는 경우 아무것도 쓰지 마세요.)

1. 의자 하나   a chair
2. 시간    time
3. 선생님들    teacher
4. 물    water
5. 차 한 대    car

6. 화살들    arrow
7. 컴퓨터들    computer
8. 사과 하나    apple
9. 아이 한 명    child
10. 나무들    tree

## A 다음 명사 앞에 알맞은 부정관사를 쓰세요. (관사가 필요 없는 경우 X를 쓰세요.)

1. 양파 [ an ] onion
2. 친구 [  ] friend
3. 집 [  ] house
4. 사랑 [  ] love
5. 탁자 [  ] table
6. 개 [  ] dog
7. 우산 [  ] umbrella
8. 소금 [  ] salt
9. 상자 [  ] box
10. 발 [  ] foot

11. 학생 [  ] student
12. 돈 [  ] money
13. 팔꿈치 [  ] elbow
14. 의사 [  ] doctor
15. 우유 [  ] milk
16. 제니 [  ] Jenny
17. 접시 [  ] dish
18. 버터 [  ] butter
19. 이구아나 [  ] iguana
20. 숟가락 [  ] spoon

## B 우리말을 보고, 영어에서 틀린 부분을 찾아 고쳐 쓰세요.

1. an fork 포크 하나 _____a fork_____
2. banana 바나나 하나 _____
3. an trucks 트럭 하나 _____
4. a sugar 설탕 _____
5. a hope 희망 _____

6. rices 쌀 _____
7. a animal 동물 하나 _____
8. an air 공기 _____
9. cat 고양이들 _____
10. an ball 공 하나 _____

## 셀 수 있는 명사 vs. 셀 수 없는 명사

**1.** apple(사과), student(학생)와 같이 '~ 하나, ~ 둘' 셀 수 있으면　　　　　　　　　명사로 구분해요.

**2.** milk(우유), air(공기)와 같이 셀 수 없거나, pizza(피자), salt(소금) 등　　　　　로만 셀 수 있거나,

**3.** '사람, 나라 이름, 태양'과 같이　　　　　　　　　은 셀 수 없는 명사로 구분해요.

## 셀 수 있는 명사의 단수와 복수 표현

**4.** 셀 수 있는 단수(하나) 명사 앞에는　　　　　또는　　　　　을 붙여요.

**5.** 대부분의 단수 명사 앞에는 a를,　　　　　　발음으로 시작하는 명사 앞에는 an을 붙여요.

**6.** university(대학)의 u는 /ju/(유) 발음이고 /j/는 자음이므로 단수 명사 앞에　　　　　를 붙이고,

**7.** hour(시간)의 h는 묵음이라 /아워/라고 발음되므로 단수 명사 앞에　　　　　을 붙여요.

**8.** 셀 수 있는 복수(둘 이상) 명사는 끝에 복수형　　　　　를 붙여요.

## 셀 수 없는 명사의 규칙

**9.** 셀 수 없는 명사는 앞뒤에 a, an도 -s도　　　　　　　.

_____ / 10 문제

# 복수형 -s를 붙이는 다양한 방법

SPEAK **GRAMMAR** 다음 문법 규칙들을 3회 이상 소리 내어 읽으세요. 1 2 3

○ ➡ **-s, -x, -ch, -sh로 끝나는 명사는 복수형 -es를 붙여요.**

a bu<u>s</u> ▷ bus**es** 버스들    a bo<u>x</u> ▷ box**es** 상자들
a chur<u>ch</u> ▷ church**es** 교회들    a bru<u>sh</u> ▷ brush**es** 붓들

○ ➡ **[자음 + o]로 끝나는 명사도 복수형 -es를 붙여요.**

a her<u>o</u> ▷ hero**es** 영웅들
a potato ▷ potato**es** 감자들

◆ [모음 + o]로 끝나는 명사는 그냥 -s를 붙여요.
radio**s** 라디오들    zoo**s** 동물원들    video**s** 비디오들

> ◆ 예외 ◆
> piano ▷ pianos 피아노들
> cel<u>l</u>o ▷ cellos 첼로들

○ ➡ **[자음 + y]로 끝나는 명사는 y를 없애고 -ies를 붙여요.**

a cit<u>y</u> ▷ cit**ies** 도시들    a part<u>y</u> ▷ part**ies** 파티들
a fl<u>y</u> ▷ fl**ies** 파리들

◆ [모음 + y]로 끝나는 명사는 그냥 -s를 붙여요.
boy**s** 소년들    toy**s** 장난감들

○ ➡ **-f, -fe로 끝나는 명사는, f(e)를 없애고 -ves를 붙여요.**

a leaf ▷ lea**ves** 잎들
a knife ▷ kni**ves** 칼들
a shelf ▷ shel**ves** 선반들

> ◆ 예외 ◆
> roof ▷ roof**s** 지붕들
> safe ▷ safe**s** 금고들
> cliff ▷ cliff**s** 절벽들

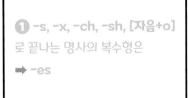

GRAMMAR 다음 활동을 하며 문법 규칙을 재미있게 익히세요.

## A 다음 규칙에 따라 복수형을 만들고 해당하는 규칙의 번호를 쓰세요.

❶ -s, -x, -ch, -sh, [자음+o]
로 끝나는 명사의 복수형은
➡ -es

❷ [자음 + y]로 끝나는
명사의 복수형은
➡ y를 없애고, -ies

❸ -f, -fe로 끝나는
명사의 복수형은
➡ f(e)를 없애고, -ves

| | | |
|---|---|---|
| a box 상자 - | boxes | ➡ 1 |
| a party 파티 - | | ➡ |
| a hero 영웅 - | | ➡ |
| a church 교회 - | | ➡ |
| a shelf 선반 - | | ➡ |
| a city 도시 - | | ➡ |
| a knife 칼 - | | ➡ |
| a bus 버스 - | | ➡ |
| a leaf 잎 - | | ➡ |

## B 다음 명사들을 복수형 규칙의 예외 사항 중 해당하는 부분에 연결하세요.

roofs 지붕들 •

toys 장난감들 •

cliffs 절벽들 •

radios 라디오들 •

chefs 요리사들 •

keys 열쇠들 •

❶ [자음 + o]로 끝나지만
-s만 붙이는 명사

❷ -f(e)로 끝나지만
-s만 붙이는 명사

❸ [모음 + y], [모음 + o]로
끝나므로 -s만 붙이는 명사

• boys 소년들

• cellos 첼로들

• pianos 피아노들

• monkeys 원숭이들

• photos 사진들

• safes 금고들

## A 다음 명사의 알맞은 복수형을 골라 동그라미 하세요.

1. a dish 접시     dishs     (dishes)     dishies

2. a fly 파리     flys     flies     flyes

3. a wolf 늑대     wolfs     wolfes     wolves

4. a potato 감자     potato     potatoes     potatoies

5. a baby 아기     babys     babyes     babies

6. a glass 잔     glasss     glasses     glassies

7. a boy 소년     boys     boies     boyes

8. a fox 여우     foxs     foxies     foxes

9. a zoo 동물원     zoos     zooes     zooies

10. a safe 금고     safes     saves     savies

## B 다음 명사의 알맞은 복수형을 쓰세요.

1. 교회 church _____

2. 파티 party _____

3. 도시 city _____

4. 붓 brush _____

5. 첼로 cello _____

6. 부인 wife _____

7. 버스 bus _____

8. 피아노 piano _____

9. 장난감 toy _____

10. 칼 knife _____

## A 우리말의 밑줄 친 명사를 알맞은 칸에 알맞은 형태의 영어로 쓰세요.

| | 단수 | 복수 | 셀 수 X |
|---|---|---|---|
| 1. 한쪽 <u>팔꿈치</u>(elbow) | | | |
| 2. 많은 <u>나뭇잎들</u>(leaf) | | | |
| 3. 많은 <u>돈</u>(money) | | | |
| 4. 2개의 <u>지붕들</u>(roof) | | | |
| 5. 칼 한 자루(knife) | | | |
| 6. 3대의 <u>버스들</u>(bus) | | | |
| 7. 여러 개의 <u>상자들</u>(box) | | | |
| 8. 충분한 <u>시간</u>(time) | | | |
| 9. 한 <u>도시</u>(city) | | | |

## B 단수는 복수로, 복수는 단수로 쓰세요.

1. 라디오  a radio - _____

2. 지우개  _____ - erasers

3. 나라  _____ - countries

4. 레몬  a lemon - _____

5. 붓  a brush - _____

6. 선반  _____ - shelves

7. 토마토  a tomato - _____

8. 요리사  a chef - _____

9. 도둑  _____ - thieves

10. 오렌지  _____ - oranges

# UNIT 1-3
## 누적 복습 GRAMMAR 2 UNIT 1~3에서 배운 문법을 복습하세요.

## A 우리말을 보고 틀린 부분을 고쳐 쓰세요.

1. 의자 하나 an chair ▷ a chair
2. 칼들 knifes ▷
3. 소년들 boies ▷
4. 나뭇잎들 leafes ▷
5. 장난감들 a toys ▷

6. 공기 airs ▷
7. 파티들 partys ▷
8. 버스들 busies ▷
9. 달걀 하나 a egg ▷
10. 집 한 채 a houses ▷

## B 우리말의 밑줄 친 명사를 영어로 알맞게 옮긴 것을 고르세요.

| | | |
|---|---|---|
| 1. 나는 시간(time)이 많아. | | |
| 2. 그들의 부인들(wife)이 다 모였어요. | | |
| 3. 그는 3개의 도시들(city)에서 살았다. | | |
| 4. 한쪽 눈(eye)을 감으세요. | | |
| 5. 마을에 2개의 교회들(church)이 있어요. | | |
| 6. 나는 매일 사과(apple) 하나를 먹어요. | | |
| 7. 그들은 2명의 아기들(baby)이 있어요. | | |
| 8. 탁자 위에 있는 빵(bread)을 드세요. | | |
| 9. 나는 부산(Busan)에 가 본 적이 있어요. | | |
| 10. 은행에 금고들(safe)이 많아요. | | |

| | | |
|---|---|---|
| times | a time | time |
| a wife | wifes | wives |
| a city | cities | citys |
| a eye | eyes | an eye |
| churchs | a church | churches |
| apples | a apple | an apple |
| a baby | babys | babies |
| bread | a bread | breads |
| a Busan | Busan | Busans |
| a safe | saves | safes |

## 셀 수 있는 명사 vs. 셀 수 없는 명사

**1.** 명사는 '~ 하나, ~ 둘' 같이 ＿＿＿＿＿＿ 명사와 셀 수 없는 명사로 구분해요.

**2.** 공기, 물처럼 셀 수 없거나, 단위로만 셀 수 있거나, 세상에 하나뿐인 것은 ＿＿＿＿＿ 명사예요.

## 셀 수 있는 명사의 단수 (단수 명사)

**3.** 모음 발음으로 시작하는 단수 명사 앞에는 부정관사 ＿＿＿＿ 을 붙이고,

**4.** 자음 발음으로 시작하는 단수 명사 앞에는 ＿＿＿＿ 를 붙여요.

## 셀 수 있는 명사의 복수 (복수 명사)

**5.** 명사를 복수형으로 만들 때는 명사 끝에 ＿＿＿＿ 를 붙여요.

**6.** -s, -x, -ch, -sh로 끝나는 명사는 끝에 ＿＿＿＿ 를 붙여 복수형을 만들고,

**7.** [자음 + o]로 끝나는 명사도 끝에 ＿＿＿＿ 를 붙여 복수형을 만들어요.

**8.** [자음 + y]로 끝나는 명사는 ＿＿＿＿ 를 없애고, ＿＿＿＿ 를 붙여요.

**9.** -f, -fe로 끝나는 명사는 ＿＿＿＿ 를 없애고, ＿＿＿＿ 를 붙여요.

＿＿＿＿＿ / 11 문제

- 28 -

 **UNIT 04** -s가 붙지 않는 복수형

- ○ **단어 중간의 모음이 변하여 복수형이 되는 명사들을 알아 두세요.**

  man ▷ men 남자들          woman ▷ women 여자들
  tooth ▷ teeth 이빨들        foot ▷ feet 발들
  goose ▷ geese 거위들

- ○ **단수형과 복수형이 똑같은 명사들을 알아 두세요.**

  sheep ▷ sheep 양들
  deer ▷ deer 사슴들
  fish ▷ fish 물고기들

- ○ **단수형에 철자가 추가되거나, 철자가 바뀌는 명사들도 알아 두세요.**

  child ▷ children 아이들       mouse ▷ mice 쥐들
  ox ▷ oxen 황소들             person ▷ people 사람들

- ○ **짝을 이루어 하나가 되는 경우에는 항상 복수형으로 써요.**

  shoes 신발               gloves 장갑
  socks 양말               pants 바지
  twins 쌍둥이              parents 부모님
  glasses 안경

# GRAMMAR 다음 활동을 하며 문법 규칙을 재미있게 익히세요.

## A 다음 명사의 단수-복수짝을 보고, 복수형을 만들 때 해당하는 규칙의 번호를 쓰세요.

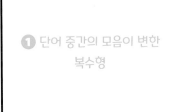

❶ 단어 중간의 모음이 변한 복수형

❷ 단수형과 똑같은 복수형

❸ 철자가 추가되거나 바뀐 복수형

| | | |
|---|---|---|
| man 남자 | - | men 남자들 | ➡ |
| deer 사슴 | - | deer 사슴들 | ➡ |
| child 아이 | - | children 아이들 | ➡ |
| foot 발 | - | feet 발들 | ➡ |
| mouse 쥐 | - | mice 쥐들 | ➡ |
| tooth 이, 이빨 | - | teeth 이빨들 | ➡ |
| sheep 양 | - | sheep 양들 | ➡ |
| person 사람 | - | people 사람들 | ➡ |
| woman 여자 | - | women 여자들 | ➡ |
| fish 물고기 | - | fish 물고기들 | ➡ |

## B 우리말의 밑줄 친 명사가 짝을 이루면 복수형을, 짝이 아니면 단수형을 고르세요.

1. 새 신발(shoe)을 샀다.

   a shoe | (shoes)

2. 난 양말(sock)을 신지 않아.

   a sock | socks

3. 혹시 유리잔(glass) 있어?

   a glass | glasses

4. 부모님(parent)께 물어 보세요.

   a parent | parents

5. 장갑(glove) 한 짝을 잃어버렸어.

   a glove | gloves

6. 내 안경(glass) 어디에 있지?

   a glass | glasses

**GRAMMAR** 배운 문법을 문제를 통해 확인하세요.

## A 다음 명사의 알맞은 복수형을 골라 체크하세요.

1. a man 한 남자    ☐ man    ☐ mans    ☑ men

2. a child 한 아이    ☐ childs    ☐ children    ☐ childrens

3. a sheep 양 한 마리    ☐ sheeps    ☐ sheep    ☐ shoop

4. a mouse 쥐 한 마리    ☐ mouses    ☐ mice    ☐ mices

5. a deer 사슴 한 마리    ☐ deer    ☐ deers    ☐ doors

6. a foot 한 쪽 발    ☐ foots    ☐ feets    ☐ feet

7. a woman 한 여자    ☐ womans    ☐ weman    ☐ women

8. a glove 한 쪽 장갑    ☐ gloves    ☐ gleeves    ☐ glofes

9. a tooth 이빨 하나    ☐ tooths    ☐ teeth    ☐ teeths

10. an ox 황소 한 마리    ☐ oxes    ☐ oxen    ☐ oxs

## B 우리말의 밑줄 친 부분을 알맞은 형태의 영어로 쓰세요.

1. 이 신발(shoe) 누구 거야?

___shoes___

2. 네 안경(glass) 멋지네.

_____

3. 하루 3번 이(tooth)를 닦아.

_____

4. 이 바지(pant)는 제게 커요.

_____

5. 부모님(parent)을 소개할게요.

_____

6. 그들은 쌍둥이(twin)예요.

_____

## A 우리말에서 밑줄 친 명사의 알맞은 형태를 골라 빈칸에 쓰세요.

1. • a child
   • childs
   • children  ← 저 <u>아이들</u> 좀 봐.  ........... children

2. • leaf
   • leafs
   • leaves  낙엽들이 떨어져요.  ...........

3. • a dish
   • dishes
   • dishs  <u>접시들</u>을 가져와.  ...........

4. • ear
   • a ear
   • an ear  한쪽 <u>귀</u>를 막으세요.  ...........

5. • water
   • a water
   • waters  우리는 <u>물</u>이 많이 필요해.  ...........

6. • a glass
   • glasss
   • glasses  그는 늘 <u>안경</u>을 써요.  ...........

7. • goose
   • geese
   • gooses  저 <u>거위들</u>을 봐.  ...........

8. • Nancy
   • a Nancy
   • Nancies  나는 <u>낸시</u>를 알아.  ...........

9. • mouse
   • mouses
   • mice  몇 마리의 <u>쥐들</u>을 봤어요.  ...........

10. • women
    • womans
    • a woman  그 <u>여자들</u>을 아시나요?  ...........

## B 우리말을 보고, 알맞은 것을 고르세요.

1. 아이마다 <u>계란 하나</u>를 갖고 있어.  Each child has [ a egg ] [ an egg ] [ eggs ].

2. 그 두 <u>도시들</u>은 비슷해요.  The two [ city ] [ citys ] [ cities ] are similar.

3. <u>소년들</u>은 지금 떠나도 좋아요.  [ Boys ] [ A boy ] [ Boies ] can leave now.

4. <u>시간</u>은 귀중해요.  [ Time ] [ Times ] [ A time ] is important.

5. 나는 <u>신발</u>이 필요해.  I need [ a shoe ] [ shoes ] [ shoeses ].

6. 그들은 <u>서울</u>에 살아요.  They live in [ Seoul ] [ a Seoul ] [ an Seoul ].

7. 그는 <u>양파 하나</u>를 가지고 있어요.  He has [ a onion ] [ an onion ] [ onions ].

## A  우리말을 보고, 틀린 부분을 고쳐 쓰세요.

| | | ✗ | O |
|---|---|---|---|
| 1. | 안경 | glass | glasses |
| 2. | 선반들 | shelfs | |
| 3. | 한 소년 | a boys | |
| 4. | 지붕들 | rooves | |
| 5. | 버스들 | busies | |

| | | ✗ | O |
|---|---|---|---|
| 6. | 소금 | salts | |
| 7. | 파티들 | partys | |
| 8. | 동물원들 | zooes | |
| 9. | 사과 하나 | a apple | |
| 10. | 책상 하나 | an desk | |

## B  단수는 복수로, 복수는 단수로 쓰세요.

| | | | |
|---|---|---|---|
| 1. | 거위 | a goose → | geese |
| 2. | 파리 | | → flies |
| 3. | 도시 | | → cities |
| 4. | 이야기 | a story → | |
| 5. | 절벽 | a cliff → | |
| 6. | 여자 | | → women |
| 7. | 교회 | a church → | |
| 8. | 첼로 | a cello → | |
| 9. | 쥐 | | → mice |
| 10. | 사슴 | | → deer |

| | | | |
|---|---|---|---|
| 11. | 부인 | | → wives |
| 12. | 영웅 | a hero → | |
| 13. | 발 | a foot → | |
| 14. | 붓 | a brush → | |
| 15. | 오렌지 | | → oranges |
| 16. | 아이 | | → children |
| 17. | 피아노 | a piano → | |
| 18. | 이, 이빨 | | → teeth |
| 19. | 상자 | a box → | |
| 20. | 남자 | a man → | |

- 33 -

## 셀 수 있는 명사의 단수 (단수 명사)

1. 셀 수 있는 단수 명사 앞에는 부정관사            또는            을 써요.

2. 모음 발음으로 시작하는 단수 명사 앞에는 부정관사            을 쓰고,

3. 자음 발음으로 시작하는 단수 명사 앞에는            를 써요.

## 셀 수 있는 명사의 복수 (복수 명사)

4. 명사를 복수형으로 만들 때는 명사 끝에            를 붙여요.

5. -s, -x, -ch, -sh, [자음 + o]로 끝나는 명사는 끝에            를 붙여요.

6. [자음 + y]로 끝나는 명사는            를 없애고,            를 붙여요.

7. -f, -fe로 끝나는 명사는            를 없애고,            를 붙여요.

8. man -            , tooth -            같이 단어 중간의 모음이 바뀌어 복수형이 되는 것,

9. sheep -            , deer -            같이 단수와 복수의 형태가 같은 것,

10. child -            , mouse -            같이 철자가 달라지는 것도 있어요.

## 셀 수 없는 명사의 규칙

11. 셀 수 없는 명사는 앞뒤에

_____ / 17 문제

# CHAPTER 02 관사

# 부정관사와 정관사

 **GRAMMAR** 다음 문법 규칙들을 3회 이상 소리 내어 읽으세요. 　1 2 3

○ **부정관사(a, an)는 '정해지지 않은 것 하나'라는 것을 표현해요.**

 ↳ '부정'은 '정해지지 않은 것'을 뜻하고, '관사'는 명사 앞에 붙여 쓰는 말이라는 의미예요.

I met a <u>boy</u>. 나는 한 소년을 만났다. (어떤 한 소년)
I ate an <u>apple</u>. 나는 사과 하나를 먹었다. (어떤 사과 하나)

○ **정관사(the)는 '정해진 것'이라는 의미이며, 주로 '그'라고 해석해요.**

The <u>boy</u> was smart. 그 소년은 똑똑했다.
The <u>apple</u> was delicious. 그 사과는 맛있었다.

 ⇨ 우리말에서 정해진 명사와 정해지지 않은 명사를 찾아보세요.

① <u>그 소녀</u>는 <u>학생</u>이니? 　② <u>한 소녀</u>가 <u>그 마을</u>에 살았어.
 정해진　정해지지 X 　　정해지지 X　정해진

○ **'정해진 것'이 의미하는 바를 알아 두세요.**

 ↳ '바로 전에 말했던 것', '대화하는 서로가 알고 있는 것', '세상에 하나뿐이라 모두 알고 있는 것'을 뜻해요.

| | |
|---|---|
| · 바로 전에 말했던 것 | I met a boy. ▷ The <u>boy</u> knows you. 그 소년은 너를 안다. |
| · 서로 알고 있는 것 | Let's meet at the <u>cafe</u>. 우리 그 카페에서 만나자. |
| · 세상에 하나뿐인 것 | Look at the <u>sky</u>. The <u>sun</u> is bright. 하늘을 봐. 태양이 밝아. |

○ **'정관사(the)는 단/복수, 셀 수 있는/없는 명사에 상관없이 모든 명사 앞에 써요.**

 ↳ 부정관사는 '하나'라는 뜻이라 단수 명사 앞에만 쓰지만, 정관사는 모든 명사 앞에 쓸 수 있어요.

the boy 그 소년 　　the boys 그 소년들 　　the water 그 물

## DO GRAMMAR 다음 활동을 하며 문법 규칙을 재미있게 익히세요.

## A  제시된 규칙에 해당하는 명사와 연결하고, 알맞은 관사를 써서 명사를 표현하세요.

❶ '정해지지 않은 것 하나'이
며, 자음 발음으로 시작하는 명사
➡ a + 명사

❷ '정해지지 않은 것 하나'이
며, 모음 발음으로 시작하는 명사
➡ an + 명사

❸ '그 ~'와 같이 '정해진 것'이
라면 명사의 종류에 상관없이
➡ the + 명사(s)

| | |
|---|---|
| 아무 오렌지 하나 (orange) ➡ | an orange |
| 선생님 한 분 (teacher) ➡ | |
| 그 지우개들 (eraser) ➡ | |
| 어떤 병 하나 (bottle) ➡ | |
| 그 우산들 (umbrella) ➡ | |
| 개미 한 마리 (ant) ➡ | |
| 그 주스 (juice) ➡ | |

## B  다음 우리말 대화의 밑줄 친 명사에 붙일 관사에 대한 규칙을 골라 번호를 쓰세요.

1. A: 나 <u>야구 모자(cap)</u> 하나 샀어.　[ 1 ]

2. B: 그 <u>모자(cap)</u> 어디서 샀어?　[ ]

3. A: 지난번 그 <u>가게(store)</u>에서 샀어.　[ ]

4. B: 나도 거기서 <u>재킷(jacket)</u>을 샀어.　[ ]

5. A: 나 그 <u>재킷(jacket)</u> 알아.　[ ]

6. B: 어, <u>하늘(sky)</u>이 맑아졌다.　[ ]

7. A: 집 앞 그 <u>공원(park)</u>에 가서 놀자.　[ ]

8. B: 좋아. 내가 <u>공(ball)</u> 하나를 가져올게.　[ ]

| 1 | '정해지지 않은 것 하나'<br>➡ a/an + 명사 |
|---|---|
| 2 | '앞에서 언급한 것'<br>➡ the + 명사 |
| 3 | '서로 이미 알고 있는 것'<br>➡ the + 명사 |
| 4 | '세상에 하나뿐이라 누구나 아는 것'<br>➡ the + 명사 |

## A 알맞은 관사를 고르세요.

1. [ a ] [ an ] [ the ] bag 가방 하나
2. [ a ] [ an ] [ the ] bag 그 가방
3. [ a ] [ an ] [ the ] man 그 남자
4. [ a ] [ an ] [ the ] man 한 남자
5. [ a ] [ an ] [ the ] uniform 그 유니폼
6. [ a ] [ an ] [ the ] uniform 유니폼 하나
7. [ a ] [ an ] [ the ] umbrella 우산 하나
8. [ a ] [ an ] [ the ] umbrellas 그 우산들
9. [ a ] [ an ] [ the ] photo 사진 한 장
10. [ a ] [ an ] [ the ] photo 그 사진

11. [ a ] [ an ] [ the ] water 그 물
12. [ a ] [ an ] [ the ] people 그 사람들
13. [ a ] [ an ] [ the ] sky 하늘
14. [ a ] [ an ] [ the ] bread 그 빵
15. [ a ] [ an ] [ the ] artist 예술가 한 명
16. [ a ] [ an ] [ the ] artists 그 예술가들
17. [ a ] [ an ] [ the ] elephant 코끼리 한 마리
18. [ a ] [ an ] [ the ] elephant 그 코끼리
19. [ a ] [ an ] [ the ] city 그 도시
20. [ a ] [ an ] [ the ] cities 그 도시들

## B 관사 a, an, the 중에서 알맞은 것을 쓰세요.

1. 어떤 탁자 하나 ___a___ table
2. 아까 본 그 탁자 _____ table
3. 그 소금 _____ salt
4. 배우 한 명 _____ actor
5. 그 배우들 _____ actors

6. 그 오렌지들 _____ oranges
7. 오렌지 한 개 _____ orange
8. 태양 _____ sun
9. 그 아이 _____ child
10. 전에 말한 그 아이들 _____ children

## 부정관사(a, an)

**1.** 부정관사는 '정해지지 않은 것 하나'라는 것을 표현해요.

**2.** 셀 수 있는 단수 명사 앞에는 부정관사          또는          을 붙여요.

**3.** 단수 명사가 자음 발음으로 시작하면 앞에 a를,          발음으로 시작하면 an을 써요.

## 정관사(the)

**4.** 정관사 the는 '          '을 나타내요.

**5.** 정관사 the는 우리말로 '          '라고 해석해요.

**6.** 정해진 것이란 '바로 앞에서 말한 것', '서로 알고 있는 것' '세상에 하나뿐인 것'을 의미해요.

| 바로 앞에서 말한 것 | I met a boy. The <u>boy</u> knows you. 그 소년은 너를 안다. |
|---|---|
| | Let's meet at the <u>cafe</u>. 우리 그 카페에서 만나자. |
| | The <u>sun</u> is bright. 태양이 밝아. |

**7.** 정관사 the는 단/복수, 셀 수 있는/없는 명사에 상관없이          앞에 쓸 수 있어요.

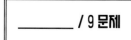

# UNIT 02 '그'가 없어도 꼭 the를 쓰는 명사

## GRAMMAR 다음 문법 규칙들을 3회 이상 소리 내어 읽으세요. 1 2 3

---

○ **세상에 단 하나라서 모두가 아는 명사 앞에 항상 the를 붙여요.**

⇨ 우리말에 '그'가 없지만 the를 붙여야 하는 명사를 찾아보세요.

① 오늘 밤엔 달이 떴어요.　　② <u>지구</u>는 <u>태양</u> 주위를 돌아요.　　③ <u>하늘</u>이 정말 맑아요.

the moon 달　　　　the sun 태양　　　　the sky 하늘
the world 세상　　　the sea 바다　　　　the universe 우주

○ **이름이 있는 강, 바다, 호텔, 식당, 극장 등 하나뿐인 장소 앞에 항상 the를 써요.**

the Han River 한강　　　　　　the Nile 나일강
the East Sea 동해　　　　　　the Pacific Ocean 태평양
the Hilton Hotel 힐튼 호텔　　the National Museum 국립 박물관
the Joe's 조의 식당　　　　　　the May Theater 메이 극장

○ **악기를 연주할 때는 악기 이름 앞에 the를 붙여요.**

play the piano 피아노를 연주하다　　play the guitar 기타를 치다
play the violin 바이올린을 켜다　　　play the drums 드럼을 치다

○ **위치, 방향 등 정해진 것에는 항상 the를 써요.**

the east 동부　　　the west 서부　　　the south 남부　　　the north 북부
the left 왼쪽, 좌측　　the right 오른쪽, 우측　　the same 같은 것, 같은

## DO GRAMMAR 다음 활동을 하며 문법 규칙을 재미있게 익히세요.

## A 다음 명사들 앞에 the를 붙여야 하는 이유를 잘 설명한 것과 연결하세요.

the Atlantic Ocean
대서양

play the drums
드럼을 치다

the Mary's
메리네 가게

the west
서부

the world
세상

the universe
우주

❶ 세상에 하나라 모두 아는 것
➡ the + 명사

❷ 이름이 붙은 하나뿐인 장소
➡ the + 명사

❸ 연주하는 악기 이름
➡ the + 명사

❹ 위치, 방향 등 정해진 것
➡ the + 명사

play the cello
첼로를 연주하다

the right
우측

the National Theater
국립 극장

the Han River
한강

the earth
지구

the Pacific Ocean
태평양

## B A에 제시된 규칙을 참고하여 밑줄 친 명사 앞에 the를 써야 할 것에 체크하세요.

1. 난 우주(universe)에 가고 싶어.  [ V ]

2. 독도는 동해(East Sea)에 있어요.  [ ]

3. 저녁에 한강(Han River)에 같이 갈까요?  [ ]

4. 집 앞에 강(river)이 흘러요.  [ ]

5. 이상한 별(star)을 발견했어.  [ ]

6. 난 기타(guitar)를 칠 수 있어.  [ ]

7. 그는 호텔(hotel)에 묵고 있어요.  [ ]

8. 그것은 남부(south)에 있어요.  [ ]

9. 이곳이 세상(world)에서 제일 싸.  [ ]

10. 그 집은 오른편(right)에 있어요.  [ ]

## A 다음 명사 앞에 정관사가 필요한 경우에만 the를 쓰세요.

1. [ the ] sun 태양

2. [ ] Silla Hotel 신라 호텔

3. [ ] dogs 강아지들

4. [ ] theater 어떤 한 극장

5. [ ] Nile 나일강

6. [ ] north 북쪽

7. [ ] hotel 어떤 한 호텔

8. [ ] sea 바다

9. [ ] zoo 한 동물원

10. [ ] same 같은 것, 같은

## B 우리말의 밑줄 친 명사를 알맞은 형태의 영어로 쓰세요.

1. 서울 극장(Seoul Theater)에 가 봤니? ⇒ [ the Seoul Theater ]

2. 우주(universe)에는 많은 별들이 있어. ⇒ [ ]

3. 그는 한 극장(theater) 안에 있어요. ⇒ [ ]

4. 서해(West Sea)는 석양이 아름다워요. ⇒ [ ]

5. 우리는 호텔(hotel)에서 지낼 예정이에요. ⇒ [ ]

6. 대서양(Atlantic Ocean)은 두 번째로 큰 바다예요. ⇒ [ ]

7. 그녀는 플루트(flute)를 연주할 수 있어. ⇒ [ ]

8. 힐튼 호텔(Hilton Hotel)에 이틀 머물 거예요. ⇒ [ ]

9. 그들은 같은(same) 학교에 다녀요. ⇒ [ ]

10. 구름 사이로 달(moon)이 보여요. ⇒ [ ]

GRAMMAR UNIT 1~2에서 배운 문법을 복습하세요.

## A 다음 명사 앞에 a, an, the 중에서 알맞은 관사를 쓰세요.

1. 상자 하나 [ a ] box
2. 그 상자 [ ] box
3. 그 양파 [ ] onion
4. 양파 하나 [ ] onion
5. 어떤 빌딩 [ ] building
6. 그 배우 [ ] actor
7. 아마존강 [ ] Amazon
8. 한 여자 [ ] woman
9. 그 여자들 [ ] women
10. 동해 [ ] East Sea

11. 앨범 하나 [ ] album
12. 그 집들 [ ] houses
13. 오른쪽 [ ] right
14. 그 돈 [ ] money
15. 대한 극장 [ ] Daehan Theater
16. 멜론 하나 [ ] melon
17. 하늘 [ ] sky
18. 그 비행기 [ ] airplane
19. 한 소녀 [ ] girl
20. 백의 식당 [ ] Baek's

## B 주어진 명사를 알맞은 칸에 분류하세요. (the가 필요한 경우 명사 앞에 쓰세요.)

earth 지구
moon 달
stars 별들
star 그 별
Joe's 조의 식당
museum 박물관
pine tree 소나무 한 그루
Thames River 템스강
information 그 정보

| the가 필요한 명사 | the가 필요 없는 명사 |
|---|---|
| the earth, | |

## 부정관사(a, an)

**1.** 부정관사 a, an은 '정해지지 않은 것 하나'라는 뜻으로, 셀 수 있는 　　　　 명사 앞에 붙여요.

**2.** 　　　　 발음으로 시작하는 단수 명사 앞에는 a를,

**3.** 　　　　 발음으로 시작하는 단수 명사 앞에는 an을 써요.

## 정관사(the)

**4.** 정관사 the는 '그'라는 의미로, '　　　　'을 나타내요.

**5.** 정해진 것이란 '　　　　', '서로 알고 있는 것', '세상에 하나뿐인 것'을 의미해요.

## 정관사(the)를 꼭 써야 할 때

**6.** '　　　　'라서 모두가 아는 명사 앞에는 항상 the를 써요.
(예: the moon 달, the sky 하늘)

**7.** 　　　　 이 있는 강, 바다, 호텔, 식당, 극장 등 하나뿐인 장소 앞에는 항상 the를 써요.
(예: the Han River 한강)

**8.** 악기를 연주할 때는 　　　　 이름 앞에 항상 the를 써요.
(예: play the piano 피아노를 연주하다)

**9.** 위치, 　　　　 등 정해진 것 앞에는 항상 the를 써요.
(예: the west 서부, the right 오른쪽)

_____ / 9 문제

# 아무 관사도 쓰지 않는 명사

---

○ **아침 식사, 점심 식사, 저녁 식사 앞에는 아무 관사도 쓰지 않아요.**

breakfast 아침 식사　　　lunch 점심 식사　　　dinner 저녁 식사

◆ 단, 점심 도시락, 저녁 식탁과 같이 셀 수 있는 명사와 쓰일 때는 관사를 써요.
a lunch box 점심 도시락 하나　　　the dinner table 그 저녁 식사용 식탁

○ **스포츠 이름 앞에는 관사를 쓰지 않아요.**

baseball 야구　　　soccer 축구　　　basketball 농구

◆ 단, 스포츠 경기, 시합의 경우에는 관사를 써요. ('시합'이라는 명사는 셀 수 있는 명사예요.)
a soccer game 축구 한 경기　　　the soccer game 그 축구 경기

○ **길, 거리 이름은 사람의 이름과 같이 아무 관사도 쓰지 않아요.**

Main Street 중앙 거리　　　5th Avenue 5번가　　　Sejong Street 세종길

◆ 이름이 아닌, 일반적인 거리(street)의 경우에는 관사를 써요.
on a street 한 거리에서　　　on the street 그 거리에서

○ **공항, 역, 대학교 등의 이름도 사람의 이름과 같이 관사를 쓰지 않아요.**

Incheon Airport 인천 공항　　　Jongno Station 종로역
Queen's College 퀸즈 대학교　　　Seoul University 서울 종합 대학교

◆ 이름이 아닌, 일반적인 의미에서 공항, 역, 대학이라는 명사를 사용할 때는 관사를 써요.
at a college 대학에서　　　work at an airport 공항에서 일하다　　　the station 그 역

# GRAMMAR 다음 활동을 하며 문법 규칙을 재미있게 익히세요.

## A 다음 명사들은 아무 관사도 쓰지 않아요. 그 이유에 해당하는 칸에 체크하세요.

| | ❶ 식사 이름 | ❷ 스포츠 이름 | ❸ 사람 이름 같은 역할 |
|---|---|---|---|
| 1. volleyball 배구 | | | |
| 2. dinner 저녁 식사 | | | |
| 3. 2nd Street 2번길 | | | |
| 4. Harvard University 하버드대 | | | |
| 5. JFK Airport JFK 공항 | | | |
| 6. soccer 축구 | | | |
| 7. breakfast 아침 식사 | | | |
| 8. Sewon Station 세원역 | | | |

## B 우리말의 밑줄 친 명사에 해당하는 설명을 찾아 연결하세요.

1. 그를 어느 길에 만났어. •

2. 그를 세종길에서 만났어. •

3. 그녀는 대학에서 일해. •

4. 그녀는 뉴욕 대학교에서 일해. •

5. 우리는 김포공항에 가고 있어요. •

6. 우리는 공항에 가고 있어요. •

❶ 사람 이름과 같이
고유한 이름의 역할을 하는 명사에는
관사를 쓰지 않아요.

❷ 이름이 아닌,
일반적인 것을 의미하는 명사에는
관사를 써요.

GRAMMAR 배운 문법을 문제를 통해 확인하세요.

## A 다음 명사 앞에 관사가 필요하면 쓰고, 관사가 필요 없으면 X 표시 하세요.

1. [ X ] lunch 점심 식사
2. [ a ] lunch time 어느 한 점심 시간
3. [ ] world 세상
4. [ ] Kimpo Airport 김포 공항
5. [ ] National Museum 국립 박물관
6. [ ] Seoul Station 서울역
7. [ ] station 그 역
8. [ ] 11th Street 11번가
9. [ ] tennis 테니스
10. [ ] tennis player 그 테니스 선수

## B 다음 중 관사를 쓰지 않는 명사에 동그라미 하세요.

| 1. | violin 바이올린 | badminton 배드민턴 | church 교회 |
| --- | --- | --- | --- |
| 2. | Fifth Avenue 5번가 | sky 하늘 | Han River 한강 |
| 3. | breakfast 아침 식사 | South Sea 남해 | building 건물 |
| 4. | Global Theater 글로벌 영화관 | department store 백화점 | Wall Street 월스트리트 |
| 5. | Pacific Ocean 태평양 | Ritz Hotel 리츠 호텔 | Busan Station 부산역 |
| 6. | Jeju Airport 제주공항 | right 오른쪽 | piano 피아노 |
| 7. | university 대학교 | universe 우주 | York University 요크 대학교 |

## A 주어진 관사를 써야 하는 명사와 연결하세요.

1. **a** •

2. **an** •

3. **the** •

4. **관사 없음** •

- sun 태양
- house 집 한 채
- dinner 저녁 식사
- hour 한 시간
- baseball 야구
- baseball game 그 야구 경기
- university 대학교
- Harvard University 하버드대
- Central Theater 센트럴 극장
- First Avenue 1번가

## B 우리말의 밑줄 친 부분을 영어로 알맞게 옮긴 것을 고르세요.

| 1. 그녀는 첼로를 연주할 줄 알아. | cello | a cello | the cello |
| 2. 그들은 나일강을 바라보았다. | Niles | a Niles | the Niles |
| 3. 그 주스는 너를 위한 거야. | juice | a juice | the juice |
| 4. 그 산에 호랑이들이 산다. | tigers | a tigers | the tigers |
| 5. 나는 마트에서 그 달걀들을 샀어. | eggs | an eggs | the eggs |

## A 주어진 관사와 명사를 연결하고, 알맞은 형태의 영어로 쓰세요.

| | | |
|---|---|---|
| ❶ 부정관사 a, an | • 사과 하나 (apple) | ➡ |
| | • 대서양 (Atlantic Ocean) | ➡ the Atlantic Ocean |
| | • 농구 한 경기 (basketball game) | ➡ |
| ❷ 정관사 (the) | • 세상 (world) | ➡ |
| | • 아침 식사 (breakfast) | ➡ |
| | • 밀가루 (flour) | ➡ |
| | • 재킷 하나 (jacket) | ➡ |
| ❸ 관사 없음 (x) | • 그 우유 (milk) | ➡ |
| | • 점심 도시락 하나 (lunch box) | ➡ |

## B 우리말의 밑줄 친 명사를 알맞은 형태의 영어로 쓰세요.

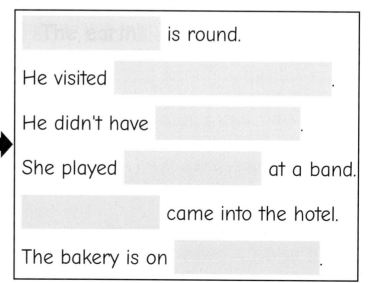

1. 지구(earth)는 둥글다.

   The earth is round.

2. 그는 퀸즈대(Queen's College)를 방문했다.

   He visited _____.

3. 그는 점심(lunch)을 먹지 않았어요.

   He didn't have _____.

4. 그녀는 밴드에서 기타(guitar)를 연주했다.

   She played _____ at a band.

5. 한 손님(guest)이 그 호텔로 들어왔다.

   _____ came into the hotel.

6. 그 빵집은 왼쪽(left)에 있어요.

   The bakery is on _____.

## A 우리말을 보고, 빈칸에 알맞은 말을 쓰세요. (필요 없는 경우 아무것도 쓰지 마세요.)

| 1. | 식물 하나 | 그 식물 |
|----|----------|---------|
| | ......... plant | ......... |

| 6. | 한강 | 그 강들 |
|----|------|---------|
| | ......... Han River | ......... |

| 2. | 우산 하나 | 우산들 |
|----|----------|--------|
| | ......... umbrella | ......... |

| 7. | 제주 공항 | 어떤 한 공항 |
|----|----------|-------------|
| | ......... Jeju Airport | ......... |

| 3. | 우유 | 그 우유 |
|----|------|---------|
| | ......... milk | ......... |

| 8. | 예술가 한 명 | 예술가들 |
|----|-------------|----------|
| | ......... artist | ......... |

| 4. | 창문들 | 그 창문들 |
|----|--------|-----------|
| | ......... windows | ......... |

| 9. | 2번가 | 어느 거리 |
|----|-------|-----------|
| | ......... 2nd street | ......... |

| 5. | 서부 | 오른쪽 |
|----|------|--------|
| | ......... west | ......... right |

| 10. | 달 | 별들 |
|-----|----|------|
| | ......... moon | ......... stars |

## B 우리말에 맞게 영어 문장에서 틀린 부분을 찾아 고쳐 쓰세요.

1. 그 지우개들은 한 상자 안에 있어.    An erasers are in the box.

2. 학생들은 그곳에서 점심을 먹는다.    Students eat the lunch there.

3. 그 소녀는 피아노를 매우 잘 친다.    The girl plays a piano very well.

4. 그 건물은 왼쪽에 있어.    The building is on left.

5. 그 사람들은 큰 도시들에 산다.    A people live in a big cities.

## 부정관사(a, an)

**1.** 셀 수 있는 단수 명사 앞에는 부정관사 a      또는 an      을 붙여요.

**2.** 부정관사는 '               하나'라는 것을 표현해 줘요.

**3.** 자음 발음으로 시작하는 단수 명사 앞에는 부정관사          를 쓰고,

**4.** 모음 발음으로 시작하는 단수 명사 앞에는          을 써요.

## 정관사(the)

**5.** 정관사 the는 '          ' 라고 해석해요.

**6.** 부정관사가 정해지지 않은 하나를 나타낸다면, 정관사는               을 나타내요.

**7.** 정해진 것이란 '앞에서 말한 것', '               ', '세상에 하나뿐인 것'을 의미해요.

## 정관사(the)를 꼭 써야 할 때와 아무 관사도 쓰지 않을 때

**8.** 정관사 the를 꼭 써야 하는 명사는 '세상에 단 하나인 것', '이름이 붙어 있는 세상에 하나뿐인 장소', '연주할 때          이름', '          , 방향'들이에요.

**9.** 아무런 관사도 쓰지 않는 명사는 '               ', '               ', '길, 거리, 공항, 역, 대학교 등 사람 이름처럼 사용하는 명사'들이에요.

_____ / 12 문제

# 누적 복습 CHAPTER 1~2에서 배운 문장을 변형하며 복습하세요.

## <SET 01>

**❶** 너 <u>시계</u>(watch) 샀구나?

  ➡ You bought _____ _____!

명사
관사

**❷** <u>그 시계</u> 좋아 보인다.

  ➡ _____ _____ looks great.

명사
관사

**❸** 난 많은 <u>시계들을</u> 가지고 있어.

  ➡ I have many _____ .

명사

**❹** <u>그 시계들</u> 좋아 보인다.

  ➡ _____ _____ look great.

명사
관사

## <SET 02>

**❶** <u>점심</u>(lunch) 먹자.

  ➡ Let's have _____ .

명사
관사

**❷** 난 점심을 위한 <u>돈</u>(money)이 없어.

  ➡ I don't have _____ for _____ .

명사
관사

**❸** 내가 점심을 위한 <u>그 돈</u> 네게 빌려줄게.

  ➡ I will lend you _____ _____ for _____ .

명사
관사

**❹** 좋아. 다음에 내가 <u>저녁</u>(dinner) 살게.

  ➡ Okay. I will buy you _____ next time.

명사
관사

# \<SET 03\>

**❶** 우와, <u>하늘</u>(sky)이 정말 파랗다!

➡ Wow, ＿＿＿＿ ＿＿＿＿ is so blue!

명사
관사

**❷** <u>태양</u>(sun)은 정말 밝다.

➡ ＿＿＿＿ ＿＿＿＿ is so bright.

명사
관사

**❸** <u>나무들</u>(tree)은 정말 푸르다.

➡ ＿＿＿＿ are so green.

명사

**❹** <u>지구</u>(earth)는 훌륭한 <u>행성</u>(planet)이다.

➡ ＿＿＿＿ ＿＿＿＿ is ＿＿＿＿ great ＿＿＿＿ .

명사
관사

# \<SET 04\>

**❶** 한 <u>경기</u>(game) 어때?

➡ How about ＿＿＿＿ ＿＿＿＿ ?

명사
관사

**❷** 좋아. <u>야구</u>(baseball)하자.

➡ Good. Let's play ＿＿＿＿ .

명사
관사

**❸** 그럼, <u>조의 가게</u>(Joe's)에서 만나자.

➡ Then, let's meet at ＿＿＿＿ ＿＿＿＿ .

명사
관사

**❹** 아니, <u>한강</u>(Han River)으로 가는 게 좋겠어.

➡ No, we should go to ＿＿＿＿ ＿＿＿＿ .

명사
관사

# CHAPTER 03 대명사

# 인칭 대명사

## GRAMMAR 다음 문법 규칙들을 3회 이상 소리 내어 읽으세요. ☐1 ☐2 ☐3

○ **대명사란 명사(이름)를 대신하여 부르는 말이에요.**

⇨ 우리말에서 명사와 그것을 대신하여 부르는 말을 찾아보세요.

① 그 <u>소녀</u>는 귀엽다. <u>그녀</u>는 민지다.　② 이 <u>의자</u>는 망가졌다. <u>그것</u>은 낡았다.
　 명사　　　　　대명사　　　　　　　　　명사　　　　　대명사

○ **이름 대신, '그녀', '나', '너'와 같이 사람을 부르는 말이 인칭 대명사예요.**

↳ 인칭(사람을 가리키다)이지만 사물/동물을 부르는 '그것(it)'의 경우에도 인칭 대명사에 포함돼요.

| 말하는 사람 자신 | | 나는, 저는 | I |
| --- | --- | --- | --- |
| 그 말을 듣는 사람 | | 너는, 당신은 | you |
| 제 3의 남자 | | 그는 | he |
| 제 3의 여자 | | 그녀는 | she |
| 제 3의 사물 | | 그것은 | it |
| 제 3의 사람들 | | 그들은 | they |
| 제 3의 사물들 | | 그것들은 | they |
| 말하는 사람 자신들 | | 우리는 | we |
| 그 말을 듣는 사람들 | | 너희들은, 당신들은 | you |

○ **말하는 1인칭, 그 말을 듣는 2인칭, 나머지는 3인칭으로 구분해서 기억해 두세요.**

| 구분 | 단수(하나) | 복수(둘 이상) |
| --- | --- | --- |
| 1인칭 | I 나는 | we 우리는 |
| 2인칭 | you 너는 | you 너희들은 |
| 3인칭 | he 그는<br>she 그녀는<br>it 그것은 | they<br>그들은, 그것들은 |

## A 그림을 보고 가리키는 대상에 알맞은 인칭 대명사와 연결하세요.

| | | | |
|---|---|---|---|
| 1.  • | I | 나는 | • 6.  |
| 2.  • | we | 우리는 | • 7.  |
| 3.  • | you | 너는,<br>너희들은 | • 8.  |
| | he | 그는 | |
| 4.  • | she | 그녀는 | • 9.  |
| | it | 그것은 | |
| 5.  • | they | 그들은,<br>그것들은 | • 10.  |

## B 제시된 설명을 보고, 인칭 대명사가 어떤 종류에 해당하는지 그 번호를 쓰세요.

1. he 그는    [3]

2. they 그들은, 그것들은    [ ]

3. I 나는    [ ]

4. she 그녀는    [ ]

5. you 너는    [ ]

6. it 그것은    [ ]

7. you 너희들은    [ ]

8. we 우리들은    [ ]

[1] '말하는 사람 한 명'
➡ 1인칭 단수

[2] '이야기를 듣는 상대방 한 명'
➡ 2인칭 단수

[3] '말을 하거나 듣는 사람 이외의
다른 하나 또는 한 명'
➡ 3인칭 단수

[4] '둘 이상'
➡ 복수

## A 다음을 우리말 인칭 대명사로 바꿔 쓰고, 알맞은 영어 인칭 대명사를 고르세요.

**1.** 철이와 나는 ➡ *우리는*

**2.** 민수와 너는 ➡ ...........................

**3.** 그 소녀는 ➡ ...........................

**4.** 나의 삼촌은 ➡ ...........................

**5.** 진영이와 창진이는 ➡ ...........................

**6.** 너와 나는 ➡ ...........................

**7.** 그 나무들은 ➡ ...........................

**8.** 그 화장품은 ➡ ...........................

| | | | |
|---|---|---|---|
| (we) | you | he | they |
| we | they | it | you |
| you | she | he | I |
| we | you | he | they |
| we | they | it | you |
| I | you | we | they |
| you | it | they | he |
| she | they | it | you |

## B 그림을 보고 알맞은 인칭 대명사와 연결한 후, 인칭과 단/복수를 쓰세요.

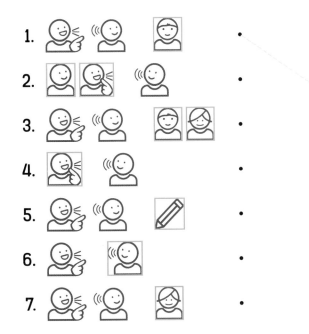

**1.**  •

**2.**  •

**3.**  •

**4.**  •

**5.**  •

**6.**  •

**7.**  •

| | 인칭 | 수 |
|---|---|---|
| • I 나는 | .............. | .............. |
| • you 너는, 너희들은 | .............. | .............. |
| he 그는 | 3 인칭 단 수 | |
| • she 그녀는 | .............. | .............. |
| • we 우리는 | .............. | .............. |
| they 그들은, 그것들은 | .............. | .............. |
| it 그것은 | .............. | .............. |

## 인칭 대명사의 개념

**1.** 대명사는 　　명사　　(이름)를 대신하여 부르는 말이에요.

**2.** 이름 대신 '그녀, 나, 너'와 같이 사람을 부르는 말이 　　　　예요.

**3.** 인칭은 '　　　　을 가리키다'라는 뜻이지만,

**4.** 사물이나 동물을 부르는 '　　　　(it)'의 경우도 인칭 대명사에 포함돼요.

## 인칭 대명사의 종류

**5.** 인칭 대명사는 말하는 　　　　, 그 말을 듣는 2인칭, 나머지인 　　　　으로 구분하고,

**6.** 인칭 대명사는 단수, 　　　　로 구분해요.

**7.** 인칭 대명사의 종류는 다음과 같아요.

| 구분 | 단수(하나) | | 복수(둘 이상) | |
|---|---|---|---|---|
| 1인칭 | | 나는 | | 우리는 |
| 2인칭 | you | 너는 | | 너희들은 |
| 3인칭 | | 그는 | | 그들은, 그것들은 |
| | | 그녀는 | | |
| | it | 그것은 | | |

_____ / 13 문제

# 주격, 목적격 인칭 대명사

## GRAMMAR 다음 문법 규칙들을 3회 이상 소리 내어 읽으세요. ① ② ③

○ **주격은 '주어 자리'에, 목적격은 '그 외의 자리'에 쓰는 인칭 대명사예요.**

↳ 우리말에 '~은, ~는, ~이, ~가'와 같은 조사가 붙은 말이 주어예요.

⇨ 우리말에서 주격과 목적격 인칭 대명사를 찾아보세요.

① <u>그는</u> <u>나를</u> 안다.　　② <u>우리는</u> <u>그녀와</u> 식사했다.　　③ <u>나는</u> <u>그것에</u> 집중했다.
　　주격　목적격　　　　　　　　주격　　목적격　　　　　　　　주격　목적격

○ **주격과 목적격 인칭 대명사를 함께 암기하세요.**

↳ you와 it은 주격과 목적격이 같아요.

| | 주격 | 목적격 |
|---|---|---|
| 나, 저 | I (나는) | me (나를, 나) |
| 너, 당신 / 너희들, 당신들 | you (너는, 너희들은) | *you (너[너희]를, 너[너희]) |
| 그 | he (그는) | him (그를, 그) |
| 그녀 | she (그녀는) | her (그녀를, 그녀) |
| 그것 | it (그것은) | *it (그것을, 그것) |
| 그들, 그것들 | they (그들은) | them (그(것)들을, 그(것)들) |
| 우리 | we (우리는) | us (우리를, 우리) |

○ **목적격 대명사는 주어 자리를 제외한 나머지 자리에 써요.**

↳ 목적격 대명사는 동사 뒤, be동사 뒤, 전치사 뒤에 쓰여요.

| | ✗ | ○ |
|---|---|---|
| · 동사 뒤 | I like ~~she~~. | I like her. 나는 그녀를 좋아해 |
| · be동사 뒤 | The person is ~~I~~. | The person is me. 그 사람이 저예요. |
| · 전치사 뒤 | Come with ~~we~~. | Come with us. 우리와 함께 가요 |

# GRAMMAR 다음 활동을 하며 문법 규칙을 재미있게 익히세요.

## A 제시된 표를 참고하여 ⓐ, ⓑ에 알맞은 인칭 대명사를 쓰세요.

| 인칭 대명사 | |
|---|---|
| 주격<br>(주어 자리) | 목적격<br>(기타 자리) |
| I<br>나는 | me<br>나를, 나 |
| we<br>우리는 | us<br>우리를, 우리 |
| you<br>너는, 너희는 | you<br>너[너희]를, 너[너희] |
| he<br>그는 | him<br>그를, 그 |
| she<br>그녀는 | her<br>그녀를, 그녀 |
| it<br>그것은 | it<br>그것을, 그것 |
| they<br>그들은, 그것들은 | them<br>그(것)들을, 그(것)들 |

1. ⓐ그들은 ⓑ나를 모른다.

   ⓐ they   ⓑ me

2. ⓐ그가 ⓑ그녀에게 말했어.

   ⓐ _____   ⓑ _____

3. ⓐ너희들이 ⓑ그를 도와줄래?

   ⓐ _____   ⓑ _____

4. ⓐ우리는 ⓑ그것을 가지고 있다.

   ⓐ _____   ⓑ _____

5. ⓐ나는 ⓑ그들을 알고 있다.

   ⓐ _____   ⓑ _____

6. ⓐ그녀는 ⓑ우리를 사랑한다.

   ⓐ _____   ⓑ _____

7. ⓐ그것은 바로 ⓑ나다.

   ⓐ _____   ⓑ _____

8. ⓐ그녀가 ⓑ너에게 부탁했어.

   ⓐ _____   ⓑ _____

## B A의 표를 참고하여 인칭 대명사를 알맞게 연결하세요.

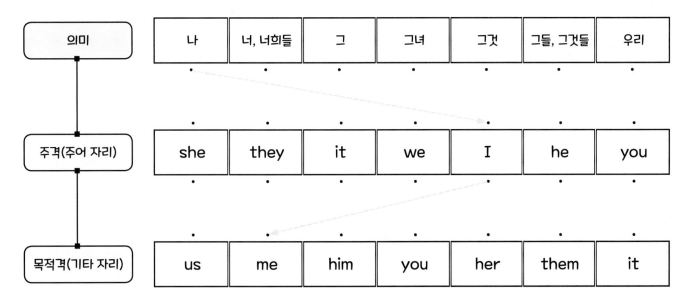

| 의미 | 나 | 너, 너희들 | 그 | 그녀 | 그것 | 그들, 그것들 | 우리 |
|---|---|---|---|---|---|---|---|

| 주격(주어 자리) | she | they | it | we | I | he | you |
|---|---|---|---|---|---|---|---|

| 목적격(기타 자리) | us | me | him | you | her | them | it |
|---|---|---|---|---|---|---|---|

## A 다음을 우리말 인칭 대명사로 바꿔 쓰고, 알맞은 영어 인칭 대명사를 고르세요.

| | | | |
|---|---|---|---|
| he | her | him | she |
| you | us | they | them |
| me | he | him | her |
| you | we | us | them |
| him | her | they | them |
| you | me | us | them |
| him | it | them | you |
| me | us | them | you |

1. 그의 여동생을 ➡ ................................

2. 너와 너의 친구들을 ➡ ................................

3. 나의 아빠를 ➡ ................................

4. 언니들과 나를 ➡ ................................

5. 그와 그녀를 ➡ ................................

6. 너와 나를 ➡ ................................

7. 그 인형을 ➡ ................................

8. 내 친구들을 ➡ ................................

## B 우리말을 보고, 알맞은 인칭 대명사를 넣어 문장을 완성하세요.

1. 우리는 <u>그녀를</u> 초대할 수 있어요.

   ➡ We can invite _____ .

2. 그는 <u>나를</u> 방문했다.

   ➡ He visited _____ .

3. 그들은 <u>그것을</u> 사용한다.

   ➡ They use _____ .

4. 그녀는 <u>그를</u> 그리워한다.

   ➡ She misses _____ .

5. 우리는 <u>그것들을</u> 사지 않는다.

   ➡ We don't buy _____ .

6. 그것은 <u>우리를</u> 위한 것이다.

   ➡ It is for _____ .

## A 빈칸에 알맞은 인칭 대명사를 쓰세요.

| 1. | 나는 | I | 나를 | me |
|---|---|---|---|---|

| 2. | 그는 | | 그를 | him |
|---|---|---|---|---|

| 3. | 그것은 | it | 그것을 | |
|---|---|---|---|---|

| 4. | 우리는 | | 우리를 | us |
|---|---|---|---|---|

| 5. | 너는 | you | 너를 | |
|---|---|---|---|---|

| 6. | 그녀는 | she | 그녀를 | |
|---|---|---|---|---|

| 7. | 그들은 | they | 그들을 | |
|---|---|---|---|---|

| 8. | 너희들은 | | 너희들을 | you |
|---|---|---|---|---|

## B 우리말의 밑줄 친 대명사를 알맞은 형태의 영어로 쓰세요.

1. 나의 엄마는 <u>나를</u> 너무 잘 아신다.

2. <u>너에게</u> 매우 많이 감사해.

3. 내가 <u>그들을</u> 파티에 초대했어요.

4. <u>그는</u> <u>그녀와</u> 산책한다.

5. <u>우리는</u> 유나의 친구들이야.

6. 나는 <u>그것들을</u> 망가뜨리지 않았어.

7. <u>너희들은</u> 똑똑한 학생들이다.

8. 그녀가 <u>그들을</u> 화나게 했어요.

9. 나는 <u>그를</u> 기억하지 못해.

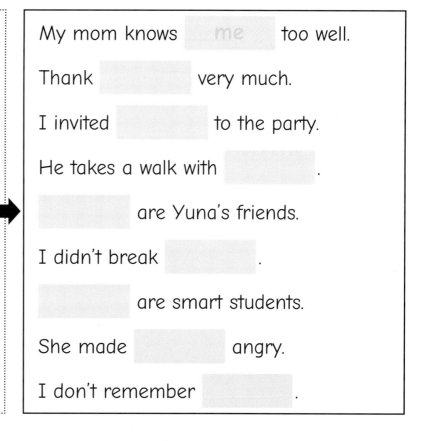

My mom knows    me    too well.

Thank      very much.

I invited      to the party.

He takes a walk with      .

     are Yuna's friends.

I didn't break      .

     are smart students.

She made      angry.

I don't remember      .

## A 빈칸에 알맞은 인칭 대명사를 쓰세요.

1. 그녀도 그것을 가지고 있다.

   ➡ [ She ] has [ it ] , too.

2. 우리가 그녀에게 전화했어요.

   ➡ [     ] called [     ] .

3. 너는 그들을 잘 알잖아.

   ➡ [     ] know [     ] well.

4. 그들은 그녀를 사랑해요.

   ➡ [     ] love [     ] .

5. 그는 우리와 함께 있을 거야.

   ➡ [     ] will be with [     ] .

6. 그것들은 내 옆에 있어요.

   ➡ [     ] are next to [     ] .

7. 나는 그를 도와주었어.

   ➡ [     ] helped [     ] .

8. 그것은 너희들을 위한 것이야.

   ➡ [     ] is for [     ] .

## B 우리말에 맞게 영어 문장에서 틀린 부분을 찾아 고쳐 쓰세요.

1. 그녀는 그들을 몰라요.  She doesn't know (they).  ➡ _____them_____

2. 그들이 우리를 가르칠 수 있어요.  Them can teach us.  ➡ _____

3. 그녀는 일본어를 배우고 있다.  Her is learning Japanese.  ➡ _____

4. 나는 낸시에게 그를 소개했다.  I introduced he to Nancy.  ➡ _____

5. 그들은 그녀를 찾고 있다.  They are looking for she.  ➡ _____

6. 너와 나는 거기 갈 수 있다.  You and me can go there.  ➡ _____

## 인칭 대명사

1.    이름    대신 '그녀, 나, 너, 그것'과 같이 사람/사물을 부르는 말이 인칭 대명사예요.

2. 인칭 대명사는 1, 2, 3           과 단수, 복수로 구분해요.

3. 인칭 대명사의 종류는 아래와 같아요.

| 구분 | 단수(하나) | | 복수(둘 이상) | |
|---|---|---|---|---|
| 1인칭 | | 나는 | we | 우리는 |
| 2인칭 | | 너는 | | 너희들은 |
| 3인칭 | she | 그는 | | 그들은, 그것들은 |
| | | 그녀는 | | |
| | | 그것은 | | |

## 주격, 목적격 인칭 대명사

4. 주격은 '주어 자리'에 목적격은 '           '에 쓰는 인칭 대명사예요.

5. 주격 인칭 대명사와 목적격 인칭 대명사를 함께 알아 두세요.

| | 주격 인칭 대명사 | 목적격 인칭 대명사 |
|---|---|---|
| 나, 저 | I | |
| 너, 당신 / 너희들, 당신들 | you | |
| 그 | | him |
| 그녀 | she | |
| 그것 | | it |
| 그들, 그것들 | they | |
| 우리 | | |

_____ / 17 문제

# 소유의 의미를 가진 대명사

## GRAMMAR 다음 문법 규칙들을 3회 이상 소리 내어 읽으세요. ① ② ③

○ **소유란 '가지고 있음'이라는 의미로 '~의'와 같은 말이 들어 있어요.**

⇨ 우리말에서 소유의 의미를 가진 부분을 찾아보세요.

① 그것은 <u>나의</u> 의자이다.　　② 그것은 <u>그녀의</u> 모자이다.　　③ 그것은 <u>너의</u> 자전거이다.

○ **소유격 인칭 대명사는 명사 앞에서 그 명사가 누구의 것인지를 표현해요.**

my chair 나의 의자　　her cap 그녀의 모자　　your bike 너의 자전거

○ **소유 대명사는 [소유격 인칭 대명사 + 명사]를 하나의 대명사로 표현해요.**

| 소유격 인칭 대명사 + 명사 | my chair 나의 의자 | her cap 그녀의 모자 | your bike 너의 자전거 |
|---|---|---|---|
| 소유 대명사 | mine 나의 것 | hers 그녀의 것 | yours 너의 것 |

○ **주격, 목적격과 함께 소유격 인칭 대명사와 소유 대명사를 암기하세요.**

↳ 소유 대명사는 대체로 소유격 인칭 대명사에 -s가 붙은 형태예요. it(그것)의 소유 대명사는 없어요.

|  | 주격 인칭 | 소유격 인칭(~의) | 목적격 인칭 | 소유 대명사(~의 것) |
|---|---|---|---|---|
| 나, 저 | I | my | me | mine |
| 너, 당신 / 너희들, 당신들 | you | your | you | yours |
| 그 | he | his | him | his |
| 그녀 | she | her | her | hers |
| 그것 | it | its | it | × |
| 그들, 그것들 | they | their | them | theirs |
| 우리 | we | our | us | ours |

## DO GRAMMAR 다음 활동을 하며 문법 규칙을 재미있게 익히세요.

## A 제시된 표를 참고하여 우리말의 밑줄 친 부분을 영어로 쓰세요.

| 소유격 인칭 대명사 | 소유 대명사 |
|---|---|
| '~의' (명사 수식 역할) | '~의 것' (명사 역할) |
| my 나의 | mine 나의 것 |
| our 우리의 | ours 우리의 것 |
| your 너의, 너희들의 | yours 너의 것, 너희들의 것 |
| his 그의 | his 그의 것 |
| her 그녀의 | hers 그녀의 것 |
| its 그것의 | X |
| their 그들의, 그것들의 | theirs 그(것)들의 것 |

1. 여기는 <u>나의</u> 집이야.

   ----------- my

2. 이것은 모두 <u>나의 것</u>이야.

   -----------

3. 난 <u>그의</u> 이름을 알아.

   -----------

4. 문제는 <u>그것의</u> 색이에요.

   -----------

5. 이건 <u>너의 것</u>이 아니야.

   -----------

6. 이건 <u>그들의 것</u>이에요.

   -----------

7. <u>그들의</u> 집은 어디인가요?

   -----------

8. 여기가 <u>우리의</u> 자리야.

   -----------

## B A의 표를 참고하여 인칭 대명사를 알맞게 연결하세요.

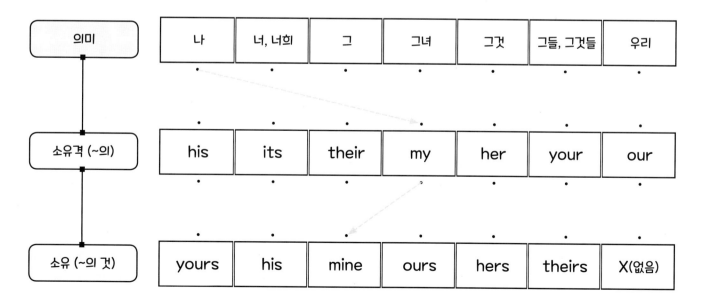

| 의미 | 나 | 너, 너희 | 그 | 그녀 | 그것 | 그들, 그것들 | 우리 |
|---|---|---|---|---|---|---|---|

| 소유격 (~의) | his | its | their | my | her | your | our |
|---|---|---|---|---|---|---|---|

| 소유 (~의 것) | yours | his | mine | ours | hers | theirs | X(없음) |
|---|---|---|---|---|---|---|---|

# GRAMMAR 배운 문법을 문제를 통해 확인하세요.

## A 우리말을 보고, 알맞은 대명사를 고르세요.

1. 우리의     ours ━ our
2. 그녀의 것   her ━ hers
3. 나의       mine ━ my
4. 너희들의 것  your ━ yours
5. 너의 것     yours ━ your
6. 그의       his ━ her
7. 그것의     it ━ its
8. 그들의 것   theirs ━ their

9. 나의 것     my ━ mine
10. 너희들의    your ━ yours
11. 너의       your ━ yours
12. 그의 것    his ━ hers
13. 그녀의     hers ━ her
14. 우리의 것   our ━ ours
15. 그들의     theirs ━ their
16. 그것들의    their ━ theirs

## B 우리말의 밑줄 친 부분에 해당하는 말을 넣어 문장을 완성하세요.

1. 그 신발은 <u>그의 것</u>이다.

   ➡ The shoes are _____.

2. <u>나의 것</u>은 검은색이야.

   ➡ _____ is black.

3. 그는 <u>그녀의</u> 남동생이에요.

   ➡ He is _____ brother.

4. 그들은 <u>우리의</u> 친구예요.

   ➡ They are _____ friends.

5. <u>그것의</u> 꼬리는 길어.

   ➡ _____ tail is long.

6. 그 집은 <u>그들의 것</u>이다.

   ➡ The house is _____.

## A 우리말에 맞게 영어 문장에서 틀린 부분을 찾아 고쳐 쓰세요.

1. 이것은 그녀의 것이 아냐.  This is not her.  ➡ hers

2. 나는 거기서 그들을 만났어.  I met they there.  ➡

3. 그것은 나의 책이에요.  It is mine book.  ➡

## B 다음 인칭 대명사 표를 완성하세요.

| 인칭/수 구분 | | 주격 인칭 대명사 | 소유격 인칭 대명사 | 목적격 인칭 대명사 | 소유 대명사 |
|---|---|---|---|---|---|
| 1 인칭 | 단수 | I<br>나는 | 나의 | 나를, 나 | 나의 것 |
| | 복수 | 우리는 | 우리의 | us<br>우리를, 우리 | 우리의 것 |
| 2 인칭 | 단/복수 | you<br>너는, 너희들은 | 너의, 너희들의 | 너를, 너희들을, 너, 너희들 | 너의 것, 너희들의 것 |
| 3 인칭 | 단수 | 그는 | his<br>그의 | 그를, 그 | 그의 것 |
| | | 그녀는 | 그녀의 | her<br>그녀를, 그녀 | 그녀의 것 |
| | | it<br>그것은 | 그것의 | 그것을, 그것 | X |
| | 복수 | 그들은, 그것들은 | 그들의, 그것들의 | 그(것)들을, 그(것)들 | theirs<br>그(것)들의 것 |

## 인칭 대명사

**1.** 인칭 대명사는 1, 2, 3인칭과 단수, 복수로 구분하며, 종류는 아래와 같아요.

| 구분 | 단수(하나) | | 복수(둘 이상) | |
|---|---|---|---|---|
| 1인칭 | I | 나는 | | 우리는 |
| 2인칭 | | 너는 | you | 너희들은 |
| 3인칭 | he | 그는 | | 그들은, 그것들은 |
| | | 그녀는 | | |
| | | 그것은 | | |

## 주격, 목적격, 소유격 인칭 대명사, 소유 대명사

**2.** 주격은 '          자리'에          은 '그 외의 자리'에 쓰는 인칭 대명사예요.

**3.**          은 '~의'라는 의미로, 명사가 누구의 것인지를 표현해요.

**4.** 소유 대명사는 〈소유격 인칭 대명사 +          〉를 하나의 대명사로 표현할 때 써요.

**5.** 주격, 목적격, 소유격 인칭 대명사와 소유 대명사를 아래와 같이 정리할 수 있어요.

| | 주격 인칭 | 소유격 인칭 | 목적격 인칭 | 소유 대명사 |
|---|---|---|---|---|
| 나 | I | | me | |
| 너 / 너희들 | you | your | | |
| 그 | he | | him | |
| 그녀 | | | her | hers |
| 그것 | it | | it | x |
| 그들, 그것들 | they | their | | |
| 우리 | we | | us | |

_____ / 22 문제

- 70 -

# 지시 대명사와 지시 형용사

○ **'이것', '저것'이라고 가리킬 때 쓰는 말을 지시 대명사라고 해요.**
 ↳ '이분', '저분'과 같이 사람을 가리킬 때도 지시 대명사를 사용해요.

 ➪ 우리말에서 지시 대명사를 찾아보세요.
 ① <u>이거</u> 카레예요?    ② <u>저것</u>은 뭐죠?    ③ <u>이쪽</u>은 제 친구예요.    ④ <u>저분</u>은 누구시죠?

○ **지시 대명사는 가까운 것, 먼 것, 단수(하나), 복수(둘 이상)를 구분해요.**

|  | 단수(하나) | 복수(둘 이상) |
|---|---|---|
| 가까운 것 | this (이것, 이분, 이 사람, 이쪽) | these (이것들, 이분들, 이 사람들, 얘네들) |
| 먼 것 | that (저것, 저분, 저 사람, 저쪽) | those (저것들, 저분들, 저 사람들, 쟤네들) |

This is my cap. 이것은 내 모자야.          That is my dad. 저분이 내 아빠예요.
These are my friends. 얘들은 내 친구들이야.      Those are my socks. 저것들은 내 양말이야.

○ **지시 대명사는 '이 책상', '저 책상'과 같이 명사 앞에도 쓸 수 있어요.**
 ↳ 이때 '이', '저'에 해당하는 this, that 등을 지시 형용사라고 불러요. 형용사는 명사를 꾸며 주는 말이에요.

 ➪ 우리말에서 지시 대명사와 지시 형용사를 찾아보세요.
 ① <u>저것</u>은 <u>이</u> 의자만큼 작아요.        ② <u>저</u> 연필은 <u>이것</u>과 달라.
 지시대명사  지시 형용사              지시 형용사      지시 대명사

That is as small as this <u>chair</u>. 저것은 이 의자만큼 작아요.
 ↳ 저것(대명사)       ↳ 이(형용사) 의자

That <u>pencil</u> is different than this. 저 연필은 이것과는 달라요.
 ↳ 저(형용사) 연필              ↳ 이것(대명사)

# GRAMMAR 다음 활동을 하며 문법 규칙을 재미있게 익히세요.

## A 각각의 설명에 해당하는 지시 대명사와 연결하세요.

1. 가까운 것, 복수(둘 이상) •

2. 먼 것, 단수(하나) •

3. 먼 것, 복수(둘 이상) •

4. 가까운 것, 단수(하나) •

• that 저것

• these 이것들

• this 이것

• those 저것들

## B 가운데 우리말의 밑줄 친 부분에 해당하는 설명과 연결하세요.

지시 대명사

❶ 이것, 이분, 이쪽
➡ this

❷ 이것들, 이분들, 이쪽들
➡ these

❸ 저것, 저분, 저쪽
➡ that

❹ 저것들, 저분들, 저쪽들
➡ those

이것들은 새 것이다.

이 의자들은 새 것이다.

저것은 내 것이다.

저 모자는 내 것이다.

이쪽은 내 여동생이다.

이 소녀는 내 여동생이다.

저것들은 노랗다.

저 과일들은 노랗다.

지시 형용사

❺ 이 + 단수 명사
(이 ~)
➡ this ~

❻ 이 + 복수 명사
(이 ~들)
➡ these ~

❼ 저 + 단수 명사
(저 ~)
➡ that ~

❽ 저 + 복수 명사
(저 ~들)
➡ those ~

## A  우리말의 밑줄 친 부분에 해당하는 말을 넣어 문장을 완성하세요.

**1.** <u>이쪽은</u> 내 형이에요.

➡ [ This ] is my brother.

**2.** <u>이것은</u> 나의 장난감 자동차야.

➡ [      ] is my toy car.

**3.** <u>저것들은</u> 나비야.

➡ [      ] are butterflies.

**4.** <u>이것들은</u> 벌이야.

➡ [      ] are bees.

**5.** <u>쟤들은</u> 내 친구들이야.

➡ [      ] are my friends.

**6.** <u>저것은</u> 너의 축구공이야.

➡ [      ] is your soccer ball.

## B  우리말을 보고, 빈칸에 알맞은 말을 쓰세요.

**1.** 이 책은 정말 재미있어. ➡ This book is really interesting.

**2.** 저 풍선을 봐! ➡ Loot at          balloon!

**3.** 이 가방들은 우리 거야. ➡          bags are ours.

**4.** 저 기차는 아주 빨라. ➡          train is very fast.

**5.** 이쪽은 나의 삼촌이셔. ➡          is my uncle.

**6.** 이것들은 노란 앵무새들이야. ➡          are yellow parrots.

**7.** 저 학생들은 매우 친절해. ➡          students are very kind.

**8.** 저것들은 야생 동물들이다. ➡          are wild animals.

- 73 -

## A 다음 단어들에 해당하는 인칭과 수를 찾고, 그 번호를 쓰세요.

| ❶ 1인칭 단수 | ❷ 2인칭 단수 | ❸ 3인칭 단수 | ❹ 복수 |
|---|---|---|---|

1. they 그들 ☐
2. I 나 ☐
3. you 너 ☐
4. those 저것들 ☐
5. this 이것 ☐
6. you and I 너와 나 ☐

7. a king 왕 ☐
8. we 우리 ☐
9. he and she 그와 그녀 ☐
10. a teacher 선생님 ☐
11. it 그것 ☐
12. the bird 그 새 ☐

13. people 사람들 ☐
14. she 그녀 ☐
15. the water 그 물 ☐
16. my parents 내 부모님 ☐
17. apples 사과들 ☐
18. that 저것 ☐

## B 다음 인칭 대명사 중 성격이 다른 하나를 고르세요.

| 1. | you | his | her |
|---|---|---|---|
| 2. | their | your | us |
| 3. | you | him | hers |
| 4. | your | ours | hers |
| 5. | they | it | my |
| 6. | theirs | mine | its |
| 7. | her | my | theirs |

## A 우리말의 밑줄 친 부분을 빈칸에 알맞은 형태로 쓰세요.

1. <u>이것은</u> <u>그들의</u> 작품이에요.

2. 저 프린터들은 <u>나의 것</u>이야.

3. <u>그녀는</u> <u>그의</u> 딸이에요.

4. 의 지갑은 <u>그녀의 것</u>이야.

5. <u>쟤네들은</u> <u>나를</u> 알아.

6. <u>이분들이</u> <u>나의</u> 선생님들이에요.

7. 의 소방관들이 <u>그들을</u> 도왔어요.

8. <u>저것은</u> <u>너의</u> 건강에 좋아.

| This | is | their | work. |
|------|----|----|-------|
| | printers are | | . |
| | is | | daughter. |
| | wallet is | | . |
| | know | | . |
| | are | | teachers. |
| | firefighters helped | | . |
| | is good for | | health. |

## B 우리말에 맞게 영어 문장에서 틀린 부분을 찾아 고쳐 쓰세요.

1. 저것은 무지개예요.  Those is a rainbow.  ➡ _____

2. 저것들은 귀여운 동물들이다.  This are cute animals.  ➡ _____

3. 이분들은 그녀의 부모님들이셔.  These are hers parents.  ➡ _____

4. 이 배우는 매우 유명해.  These actor is very famous.  ➡ _____

5. 나는 나의 엄마와 쇼핑을 간다.  I go shopping with me mom.  ➡ _____

6. 너와 나는 가장 좋은 친구야.  You and me are best friends.  ➡ _____

7. 탐은 그에게 그 그림을 보여 줬다.  Tom showed his the picture.  ➡ _____

## 인칭 대명사는 1, 2, 3인칭과 단수, 복수로 구분해요

| 구분 | 단수(하나) | | 복수(둘 이상) | |
|---|---|---|---|---|
| 1인칭 | I | 나는 | | 우리는 |
| 2인칭 | | 너는 | you | 너희들은 |
| 3인칭 | he | 그는 | | 그들은, 그것들은 |
| | | 그녀는 | | |
| | | 그것은 | | |

## 주격, 목적격, 소유격 인칭 대명사와 소유 대명사를 아래와 같이 정리할 수 있어요.

| | 주격 인칭 | 소유격 인칭 | 목적격 인칭 | 소유 대명사 |
|---|---|---|---|---|
| 나 | I | my | | |
| 너, 너희들 | | your | you | |
| 그 | he | his | | his |
| 그녀 | she | | her | |
| 그것 | it | | | x |
| 그들, 그것들 | they | | them | |
| 우리 | we | | | ours |

## 지시 대명사는 가까운 것, 먼 것, 단수(하나), 복수(둘 이상)로 구분할 수 있어요.

| | 단수(하나) | 복수(둘 이상) |
|---|---|---|
| 가까운 것 | | these |
| 먼 것 | that | |

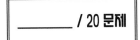

_____ / 20 문제

# 누적 복습 CHAPTER 1~3에서 배운 문장을 변형하며 복습하세요.

## <SET 01>

**❶** 너 <u>시계(watch)</u> 샀구나?

➡ You bought ........................ ........................ !

명사
관사

**❷** <u>그것은</u> 좋아 보인다.

➡ ........................ looks great.

대명사

**❸** 난 많은 <u>시계들</u>을 가지고 있어.

➡ I have many ........................ .

명사

**❹** <u>그것들은</u> 좋아 보인다.

➡ ........................ look great.

대명사

## <SET 02>

**❶** <u>이분은</u> 내 고모야.

➡ ........................ is ........................ aunt.

대명사

**❷** <u>그녀는 선생님(teacher)</u>이야.

➡ ........................ is ........................ ........................ .

명사
관사
대명사

**❸** 나도 <u>그녀를</u> 알아.

➡ I know ........................ , too.

대명사

**❹** <u>그 선생님</u>이 <u>우리를</u> 가르칠 수 있으면 좋겠다.

➡ I hope ........................ ........................ can teach ........................ .

명사
관사
대명사

# \<SET 03\>

**❶** 저것들은 뭐지?

➡ What are ＿＿＿＿＿＿＿?

대명사

**❷** 그것들은 우리의 선물들(present)이야.

➡ ＿＿＿＿＿＿ are ＿＿＿＿＿＿ ＿＿＿＿＿＿.

명사
대명사

**❸** 이것들은 너의 것이야.

➡ ＿＿＿＿＿＿ are ＿＿＿＿＿＿.

대명사

**❹** 저 인형들은 내 것이야.

➡ ＿＿＿＿＿ ＿＿＿＿＿ are ＿＿＿＿＿.

명사
대명사

# \<SET 04\>

**❶** 저 책은 그녀의 것이야.

➡ ＿＿＿＿＿ book is ＿＿＿＿＿.

대명사

**❷** 이것은 그의 책이야.

➡ ＿＿＿＿＿ is ＿＿＿＿＿ book.

대명사

**❸** 그 아이들이 오늘 그를 만날 거야.

➡ ＿＿＿＿＿ ＿＿＿＿＿ will meet ＿＿＿＿＿ today.

명사
관사
대명사

**❹** 그들이 그녀의 책은 두고, 그의 것을 가져갈 거야.

➡ ＿＿＿＿＿ will leave ＿＿＿＿＿ book and take ＿＿＿＿＿.

대명사

# CHAPTER 04 형용사

# 형용사의 역할

○ **형용사란 꾸미거나, 설명해 주는 말이에요.**

    ↳ 우리말의 '~한'과 같이 'ㄴ' 받침으로 끝나는 말이 형용사예요.

    ⇨ 우리말에서 꾸며 주거나 설명해 주는 말인 형용사를 찾아보세요.

    ① 그 <u>귀여운</u> 강아지는 내 것이다.   ② 나의 강아지는 <u>귀엽다</u>.
       강아지를 꾸밈                      강아지를 설명함

○ **형용사는 주어를 설명(보어)하거나, 명사를 꾸며 주는(명사 수식) 역할을 해요.**

    ↳ '보어'란 '보충하는 말'이라는 의미로, 주로 be동사 뒤에 쓰는 말을 보어라고 해요.

| 보어 역할 (주어를 설명) | 명사 수식 역할 (명사를 꾸며 줌) |
|---|---|
| <u>My dog</u> is cute. <br> 나의 개는 ~이다 귀여운 | The cute <u>dog</u> is mine. <br> 그 귀여운 개는 ~이다 내 것 |
| <u>She</u> is happy. <br> 그녀는 ~이다 행복한 | She is a happy <u>girl</u>. <br> 그녀는 ~이다 행복한 소녀 |

○ **명사를 수식하는 형용사는 관사나 소유격이 있든 없든, 명사 바로 앞에 써요.**

    the cute dog       a happy dog       my cute dog
    그 귀여운 개          행복한 개 한 마리      나의 귀여운 개

    happy dogs       my happy dogs
    행복한 개들        나의 행복한 개들

○ **모음 발음으로 시작하는 형용사가 단수 명사를 수식할 때는 앞에 an을 써요.**

    a story ▷ an interesting story
    하나의 이야기    하나의 재미있는 이야기

**GRAMMAR** 다음 활동을 하며 문법 규칙을 재미있게 익히세요.

## A 다음 우리말과 영어에서 형용사를 찾고, 그 역할에 체크하세요.

|  | ① 보어 역할<br>(주어 설명) | ② 명사 수식 역할<br>(명사 꾸밈) |
|---|---|---|
| 1. 그는 친절해요.  →  He is kind. | V |  |
| 2. 그 친절한 소년은 진수예요.  →  The kind boy is Jinsu. |  |  |
| 3. 그녀는 똑똑한 학생입니다.  →  She is a smart student. |  |  |
| 4. 그 학생은 똑똑해요.  →  The student is smart. |  |  |
| 5. 그들은 바빠요.  →  They are busy. |  |  |
| 6. 오늘은 바쁜 날이에요.  →  Today is a busy day. |  |  |

## B 제시된 규칙을 순서대로 적용하여 주어진 단어들을 하나로 합쳐 쓰세요.

| ① 형용사는 명사 바로 앞에서 명사를 수식해요. 따라서, 관사나 소유격 뒤, 명사 바로 앞에 형용사를 써요. | ② 형용사가 모음 발음으로 시작한다면, 부정관사(a, an)는 an을 써요. |
|---|---|

1. old 낡은, 오래된  + a movie 영화 한 편  →  _an old movie_

2. funny 웃기는  + a movie 영화 한 편  →  _____

3. exciting 흥미진진한, 신나는  + a game 한 경기  →  _____

4. boring 지루한  + a game 한 경기  →  _____

5. expensive 값비싼  + an eraser 지우개 하나  →  _____

6. cheap 값싼  + my erasers 나의 지우개들  →  _____

## 형용사의 역할

1. 꾸미거나, 설명해 주는 말을          라고 해요.

2.          란 보충하는 말이라는 의미로, 주로 be동사 뒤에 쓰는 말이에요.

3. 형용사는 be동사 뒤에서 주어를 설명하는         역할을 하거나,

4. 명사 앞에서 명사를 꾸며 주는         역할을 해요.

5. 형용사의 역할을 구분하면 아래와 같아요.

| 역할 (주어를 설명) | 역할 (명사를 꾸며 줌) |
|---|---|
| <u>My dog</u> is cute.<br>나의 개는 ~이다 귀여운 | The cute <u>dog</u> is mine.<br>그 귀여운 개는 ~이다 내 것 |

## 형용사의 규칙

6. 명사를 수식하는 형용사는 관사(a, an, the)나 소유격에 상관없이 명사 바로        에 써요.
   (예: a happy dog 행복한 개 한 마리, the cute dog 그 귀여운 개)

7.         발음으로 시작하는 형용사가 단수 명사를 수식하면 그 앞에 an을 써요.
   (예: an interesting story 하나의 재미있는 이야기)

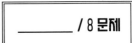

_____ / 8 문제

# 서로 반대의 뜻을 가진 형용사

● **서로 반대의 뜻을 가진 형용사끼리 짝을 지어 외워 두세요.**

| | | | |
|---|---|---|---|
| tall 키가 큰 | short 키가 작은 | hungry 배고픈 | full 배부른 |
| strong 강한 | weak 약한 | healthy 건강한 | sick 아픈 |
| old 늙은, 나이 든 | young 젊은 | cold 차가운 | hot 뜨거운 |
| heavy 무거운 | light 가벼운 | clean 깨끗한 | dirty 더러운 |
| big 큰 | small 작은 | rich 부유한 | poor 가난한 |
| pretty 예쁜 | ugly 못생긴 | expensive 값비싼 | cheap 값싼 |
| good 좋은 | bad 나쁜 | easy 쉬운 | difficult 어려운 |
| fat 뚱뚱한 | skinny 마른 | fast 빠른 | slow 느린 |
| bright 밝은 | dark 어두운 | busy 바쁜 | free 한가한 |
| dry 마른 | wet 젖은 | dangerous 위험한 | safe 안전한 |
| long (길이가) 긴 | short (길이가) 짧은 | smart 똑똑한 | foolish 어리석은 |
| glad 기쁜 | sad 슬픈 | diligent 부지런한 | lazy 게으른 |

● **un-이 붙어 반대의 뜻이 되는 형용사도 함께 외워 두세요.**

| | |
|---|---|
| happy 행복한 | unhappy 불행한 |
| kind 친절한 | unkind 불친절한 |
| wise 현명한 | unwise 현명하지 못한 |

# GRAMMAR 다음 활동을 하며 문법 규칙을 재미있게 익히세요.

## A 반대 의미의 형용사와 연결하세요.

1. fast 빠른 · · cold 차가운
2. hot 뜨거운 · · wet 젖은
3. easy 쉬운 · · strong 강한
4. dry 건조한 · · difficult 어려운
5. happy 행복한 · · slow 느린
6. weak 약한 · · unhappy 불행한

7. good 좋은 · · free 한가한
8. small 작은 · · poor 가난한
9. smart 똑똑한 · · big 큰
10. fat 뚱뚱한 · · foolish 어리석은
11. busy 바쁜 · · skinny 깡마른
12. rich 부유한 · · bad 나쁜

## B 반대 의미의 형용사를 아래 [보기]에서 찾아 쓰세요.

1. short 짧은 ⇔
2. ⇔ pretty 예쁜
3. clean 깨끗한 ⇔
4. ⇔ old 나이 많은
5. heavy 무거운 ⇔
6. ⇔ bright 밝은

7. hungry 배고픈 ⇔
8. ⇔ safe 안전한
9. kind 친절한 ⇔
10. ⇔ cheap 값싼
11. big 큰 ⇔
12. ⇔ lazy 게으른

[보기]

| long 긴 | young 어린 | full 배부른 | dangerous 위험한 | expensive 값비싼 | ugly 못생긴 |
| dark 어두운 | diligent 부지런한 | dirty 더러운 | unkind 불친절한 | light 가벼운 | small 작은 |

## A 반대 의미의 형용사를 고르세요.

1. slow ⇔ ( fat / (fast) )
2. short ⇔ ( tall / full )
3. sad ⇔ ( glad / unhappy )
4. hot ⇔ ( cold / strong )
5. bright ⇔ ( heavy / dark )
6. full ⇔ ( poor / hungry )

7. dangerous ⇔ ( clean / safe )
8. clean ⇔ ( dirty / wet )
9. ugly ⇔ ( skinny / pretty )
10. lazy ⇔ ( diligent / free )
11. strong ⇔ ( sick / weak )
12. wise ⇔ ( smart / unwise )

## B 반대 의미의 형용사를 아래 [보기]에서 찾아 쓰세요.

| | | | | | | |
|---|---|---|---|---|---|---|
| 1. | expensive | cheap | | 8. | free | |
| 2. | healthy | | | 9. | | kind |
| 3. | | skinny | | 10. | easy | |
| 4. | light | | | 11. | | short |
| 5. | | wet | | 12. | poor | |
| 6. | smart | | | 13. | | cold |
| 7. | | dark | | 14. | | big |

[보기]

| cheap 싼 | heavy 무거운 | rich 부유한 | dry 마른 | unkind 불친절한 | sick 아픈 | small 작은 |
|---|---|---|---|---|---|---|
| hot 뜨거운 | long 긴 | foolish 어리석은 | fat 뚱뚱한 | busy 바쁜 | bright 밝은 | difficult 어려운 |

## A 우리말을 보고, 아래 [보기]에서 알맞은 형용사를 골라 쓰세요. (관사가 필요하면 관사를 쓰세요.)

1. 그것은 무거운 상자이다.　　It is [ a ] [ heavy ] box.

2. 그 이야기는 슬프다.　　The story is [　　　].

3. 그들은 부지런하다.　　They are [　　　].

4. 그는 친절한 소년이다. (boy)　　He is [　] [　　　] [　　　].

5. 그 아이들은 강하다.　　The children are [　　　].

6. 나는 예쁜 인형을 하나 갖고 있다.　　I have [　] [　　] doll.

7. 이것은 값비싼 접시이다. (dish)　　This is [　] [　　] [　　　].

[보기]

| sad | diligent | pretty | kind | heavy | strong | expensive |
| --- | --- | --- | --- | --- | --- | --- |
| 슬픈 | 부지런한 | 예쁜 | 친절한 | 무거운 | 강한 | 값비싼 |

## B 우리말을 영어로 옮긴 것 중 틀린 부분을 찾아 고쳐 쓰세요.

| | | |
| --- | --- | --- |
| **1.** 그것은 작은 소파이다.<br><br>It is small sofa.<br><br>➡ a small | **2.** 비행기는 빠르다.<br><br>The airplane fast is.<br><br>➡ | **3.** 저건 긴 다리이다.<br><br>That is an long bridge.<br><br>➡ |
| **4.** 그들은 건강한 수영 선수들이다.<br><br>They are a healthy swimmers.<br><br>➡ | **5.** 그는 나이 든 신사이다.<br><br>He is a old gentleman.<br><br>➡ | **6.** 제시는 현명한 여성이다.<br><br>Jessy is an wise woman.<br><br>➡ |

## 형용사의 역할

1.            는 꾸미거나, 설명해 주는 말이에요.

2. 형용사는 be동사 뒤에서 주어를    설명    하는 보어 역할을 하거나,

3. 명사 앞에서 명사를         명사 수식 역할을 해요.

4. 명사 수식 형용사는 관사나 소유격이 있든 없든, 명사 바로       에 써요.
   (예: a happy dog 행복한 개 한 마리, happy dogs 행복한 개들)

5. 모음 발음으로 시작하는 형용사가 단수 명사를 수식하면 그 앞에 부정관사        을 써요.
   (예: an old movie 오래된 영화 한 편)

## 서로 반대의 뜻을 가진 형용사

6. 서로 반대의 뜻을 가진 형용사는 짝을 지어서 외워 두세요.

| | | | | |
|---|---|---|---|---|
| 키가 큰 | short 키가 작은 | | 배고픈 | full 배부른 |
| old 늙은, 나이 든 | 젊은 | | cold 차가운 | 뜨거운 |
| heavy 무거운 | light 가벼운 | | clean 깨끗한 | dirty 더러운 |
| 예쁜 | ugly 못생긴 | | expensive 값비싼 | 값싼 |
| dry 마른 | 젖은 | | dangerous 위험한 | safe 안전한 |

7.        이 붙어 반대의 뜻이 되는 형용사도 함께 외워 두세요.

| | | | |
|---|---|---|---|
| kind 친절한 | 불친절한 | 행복한 | unhappy 불행한 |

_____ / 15 문제

# 수량 형용사 1

## GRAMMAR 다음 문법 규칙들을 3회 이상 소리 내어 읽으세요. ① ② ③

➡ **수량 형용사란 수나 양이 많고 적음을 표현하는 형용사를 말해요.**

➪ 우리말에서 수량을 표현하는 말을 찾아보세요.
① 나는 많은 물을 마셨다.　　　② 나는 조금[약간]의 물을 마셨다.

➡ **셀 수 있는 것(수)이 많으면 many, 셀 수 없는 것(양)이 많으면 much를 써요.**

| many + 셀 수 있는 명사 | many cars 많은 차들 |
| --- | --- |
| much + 셀 수 없는 명사 | much water 많은 물 |

◆ many나 much 대신, 명사의 수에 상관없이 a lot of를 쓸 수 있어요.
- 셀 수 있는 명사: many cars = a lot of cars 많은 차들
- 셀 수 없는 명사: much water = a lot of water 많은 물

➡ **셀 수 있는 것(수)이 적으면 a few, 셀 수 없는 것(양)이 적으면 a little을 써요.**

| a few + 셀 수 있는 명사 | a few cars 조금의 차들, 차 몇 대 |
| --- | --- |
| a little + 셀 수 없는 명사 | a little water 조금[약간]의 물 |

➡ **'거의 없다'라고 표현하려면 a를 빼고 few, little을 써요.**

| few + 셀 수 있는 명사 | few cars 거의 없는 차들 |
| --- | --- |
| little + 셀 수 없는 명사 | little water 거의 없는 물 |

## A 주어진 말과 같은 의미가 되도록 알맞은 수량 형용사를 선택하세요.

|  | 셀 수 있는 것이 '많은' | 셀 수 없는 것이 '많은' |  |
|---|---|---|---|
| 1. [ a lot of ] people 많은 사람들 = | (many) | much | people |
| 2. [ a lot of ] time 많은 시간 = | many | much | time |
| 3. [ a lot of ] money 많은 돈 = | many | much | money |
| 4. [ a lot of ] children 많은 아이들 = | many | much | children |
| 5. [ a lot of ] men 많은 남자들 = | many | much | men |
| 6. [ a lot of ] salt 많은 소금 = | many | much | salt |
| 7. [ a lot of ] boxes 많은 상자들 = | many | much | boxes |

## B 제시된 수량 형용사의 활용 규칙을 참고하여 빈칸에 알맞은 말을 쓰세요.

| 셀 수 있는 것이 '조금 있는' ➡ a few | 셀 수 없는 것이 '조금 있는' ➡ a little | 셀 수 있는 것이 '거의 없는' ➡ few | 셀 수 없는 것이 '거의 없는' ➡ little |
|---|---|---|---|

1. 우유 조금
[ a little | milk ]

2. 몇 개의 문제들
[ | problems ]

3 몇몇 오류들
[ | errors ]

4. 거의 없는 시간
[ | time ]

5. 거의 없는 공간
[ | room ]

6. 거의 없는 방들
[ | rooms ]

7. 돈 조금
[ | money ]

8. 몇 명의 사람들
[ | people ]

9. 거의 없는 돈
[ | money ]

## A 우리말과 같은 의미가 되도록 알맞은 수량 형용사를 선택하세요.

| | | | |
|---|---|---|---|
| 1. 많은 당근들 ➡ | (many) | much | carrots |
| 2. 조금의 설탕 ➡ | a few | a little | sugar |
| 3. 거의 없는 꽃들 ➡ | few | little | flowers |
| 4. 많은 치즈 ➡ | many | much | cheese |
| 5. 조금의 밀가루 ➡ | a few | a little | flour |
| 6. 많은 국가들 ➡ | many | much | countries |
| 7. 거의 없는 비 ➡ | few | little | rain |

## B 제시된 수량 형용사를 참고하여, 빈칸에 알맞은 말을 쓰세요. (정답이 두 개인 경우 있음)

1. 거기에는 종이가 <u>거의 없다</u>. ➡ There is __little__ paper there.

2. 지난겨울에 눈이 <u>조금</u> 왔어. ➡ We had _____ snow last winter.

3. 나는 <u>많은</u> 돈을 가지고 있지 않아. ➡ I don't have _____ money.

4. 그녀는 <u>많은</u> 채소를 샀다. ➡ She bought _____ vegetables.

5. 식탁 위에 접시들이 <u>조금</u> 있다. ➡ _____ dishes are on the table.

6. 우리는 <u>많은</u> 나비들을 보았다. ➡ We saw _____ butterflies

7. 컵에 주스가 <u>조금</u> 있어. ➡ There is _____ juice in the cup.

8. 여기에는 동전이 <u>거의 없다</u>. ➡ There are _____ coins here.

| |
|---|
| many |
| much |
| a lot of |
| a few |
| a little |
| few |
| little |

- 90 -

GRAMMAR UNIT 1~3에서 배운 문법을 복습하세요.

## A 우리말을 보고, 주어진 단어 중 알맞은 것을 골라 영어로 쓰세요.

**1.** 거의 없는 나무들

➡ few trees

---
a / few / little / trees

**2.** 예쁜 공주들

➡

---
a / an / princesses / pretty

**3.** 못생긴 왕자

➡

---
a / an / prince / ugly

**4.** 많은 식당들

➡

---
many / much / restaurants

**5.** 약간의 도움

➡

---
a / few / little / help

**6.** 조금의 사과들

➡

---
a / few / little / apples

## B 우리말에 맞게 영어 문장에서 틀린 부분을 찾아 고쳐 쓰세요.

**1.** 우리는 도움이 거의 필요하지 않다. We need a few help. ➡ little

**2.** 그가 그 슬픈 이야기를 썼다. He wrote the story sad. ➡

**3.** 내 여동생은 귀엽다. My sister cute is. ➡

**4.** 그들은 숙제가 조금 있다. They have a few homework. ➡

**5.** 그건 위험한 게임이다. It is dangerous a game. ➡

**6.** 그녀는 시간이 많지 않다. She doesn't have many time. ➡

**7.** 이것은 비싼 손목시계이다. This is a expensive watch. ➡

**8.** 여기에 책이 조금 있다. There are few books here. ➡

**9.** 그 바구니에는 많은 달걀들이 있다. Few eggs are in the basket. ➡

**10.** 얘네들이 나의 작은 강아지들이다. These are small my puppies. ➡

## 형용사의 역할

1. 형용사는 be동사　　　　에서 주어를 설명하는　　　　　　역할을 하거나,

2. 명사 바로 앞에서, 명사를　　　　　　하는 역할을 해요.

## 서로 반대의 뜻을 가진 형용사

3. 서로 반대의 뜻을 가진 형용사는 짝을 지어서 외워 두세요.

| | 강한 | weak 약한 |
|---|---|---|
| big 큰 | | 작은 |
| good 좋은 | bad 나쁜 | |
| fast 빠른 | | 느린 |

| healthy 건강한 | | 아픈 |
|---|---|---|
| rich 부유한 | poor 가난한 | |
| | 쉬운 | difficult 어려운 |
| | 현명한 | unwise 현명하지 못한 |

## 수량 형용사 1

4. '많은'이란 뜻의 many는　　　　　　명사 앞에, much는　　　　　　명사 앞에 써요.

5. 셀 수 있는지 없는지에 상관없이, many나 much 대신　　　　　　를 쓸 수 있어요.

6. 셀 수 있는 것이 적으면　　　　　, 셀 수 없는 것이 적으면　　　　　을 써요.

7. 셀 수 있는 것이 거의 없으면　　　　　, 셀 수 없는 것이 거의 없으면　　　　　을 써요.

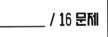

_____ / 16 문제

# 수량 형용사 2

⟳ **a few, a little 대신, 명사에 상관없이 some(약간의)을 쓸 수 있어요.**

- 셀 수 있는 명사: <u>a few</u> shirts = some shirts 셔츠 몇 장
- 셀 수 <u>없는</u> 명사: <u>a little</u> time = some time 약간의 시간

⟳ **some은 주로 긍정문에서만 사용해요.**

I bought some shirts. 나는 셔츠를 좀 샀어요.
I wasted some time. 나는 시간을 좀 낭비했어요.

◆ 긍정적인 대답을 예상하거나, 권유하는 의문문에서는 some을 사용할 수 있어요.
　 Do you want some milk? 우유 좀 원해요?, 우유 좀 줄까요?

⟳ **부정문이나 의문문에서는 some을 쓰지 않고, any(약간의)를 써요.**

의문문: Did you buy any shirts? 셔츠 좀 샀나요?
부정문: I didn't waste any time. 나는 시간을 낭비하지 않았어요.

◆ any는 문맥에 따라 '어떤 ~도', '무엇이든', '누구든'과 같이 해석해요.
　 Do you have any money? 너는 <u>어떤 돈이라도</u> 있어?
　 I don't have any problems. 나는 <u>어떤 문제도</u> 없어.

⟳ **명사 앞에 no를 붙이면 부정문이 되며, don't ~ any로 바꿔 쓸 수 있어요.**

　　　 I have time. 나는 시간이 있다.
↔　　 I have no time. 나는 시간이 없다.
=　　 I don't have any time. 나는 어떤 시간도 있지 않다.

## DO GRAMMAR 다음 활동을 하며 문법 규칙을 재미있게 익히세요.

### A 우리말을 보고, 명사 앞에 쓸 알맞은 수량 형용사를 선택하세요.

|  | 긍정문 / 권유문 | 부정문 / 의문문 |  |
|---|---|---|---|
| 1. 저에게 펜이 좀 있어요. ⇒ I have | some | any | pens. |
| 2. 어떤 도움도 원치 않아요. ⇒ I don't want | some | any | help. |
| 3. 돕는 사람이 누구든 있나요? ⇒ Are there | some | any | helpers? |
| 4. 몇몇 소년들을 봤어요. ⇒ I saw | some | any | boys. |
| 5. 어떤 아이디어도 없어요. ⇒ I don't have | some | any | ideas. |
| 6. 빵을 좀 줄까요? (권유) ⇒ Do you want | some | any | bread? |
| 7. 학생을 누구든 알고 있나요? ⇒ Do you know | some | any | students? |

### B 표를 참고하여 빈칸에 알맞은 말을 쓰세요.

| no + 명사<br>(~이 없다, ~이 아니다) | = | don't ~ any + 명사<br>(어떤 ~도 없다[아니다]) |  |
|---|---|---|---|
| 1. I have [ no ] money. | = | I don't have any money. | 돈이 없다. |
| 2. I need [  ] car. | = | I [  ] [  ] car. | 차가 필요 없다. |
| 3. I eat [  ] meat. | = | I [  ] [  ] meat. | 고기를 먹지 않는다. |
| 4. I want [  ] lies. | = | I [  ] [  ] lies. | 거짓말을 원치 않는다. |
| 5. I drink [  ] tea. | = | I [  ] [  ] tea. | 차를 마시지 않는다. |
| 6. I expect [  ] trouble. | = | I [  ] [  ] trouble. | 곤란을 원치 않는다. |

## CHECK GRAMMAR 배운 문법을 문제를 통해 확인하세요.

## A 다음 빈칸에 수량 형용사 some과 any 중 알맞은 것을 쓰세요.

**1.** 몇몇 새들이 날고 있어요.

➡ [ Some ] birds are flying.

**2.** 나는 어떤 도움도 필요 없어.

➡ I don't need [       ] help.

**3.** 너는 펜이 좀 있니?

➡ Do you have [       ] pens?

**4.** 커피를 좀 드시겠어요? (권유)

➡ Would you like [       ] coffee?

**5.** 그는 어떤 장미꽃도 사지 않았다.

➡ He didn't buy [       ] roses.

**6.** 너는 돈이 좀 필요하니?

➡ Do you need [       ] money?

**7.** 그녀는 약간의 치즈를 만들었다.

➡ She made [       ] cheese.

**8.** 쿠키를 좀 드릴까요? (권유)

➡ Do you want [       ] cookies?

## B 우리말에 맞게 두 가지 형태의 문장을 완성하세요.

| | |
|---|---|
| **1.** 그들은 어떤 튤립도 가지고 있지 않다. | They have _____no_____ tulips. <br> They don't have _____ tulips. |
| **2.** 우리는 어떤 우유도 없어. | We don't have _____ milk. <br> We have _____ milk. |
| **3.** 그들은 어떤 규칙도 따르지 않아. | They follow _____ rules. <br> They don't follow _____ rules. |

## A  다음 우리말에 맞게 두 가지 형태의 문장을 완성하세요. (필요한 경우 a/an을 쓰세요.)

| | | |
|---|---|---|
| 1. | 그는 착하다. (kind) | He is _____. |
| | 그는 착한 소년이다. | He is _____ _____ boy. |
| 2. | 그 집은 오래되었다. (old) | The house is _____. |
| | 그것은 오래된 집이다. | It is _____ _____ house. |
| 3. | 저 신발들은 비싸다. (expensive) | Those shoes are _____. |
| | 저것들은 비싼 신발들이다. | Those are _____ shoes. |
| 4. | 그 작은 소녀는 지혜롭다. (wise) | The little girl is _____. |
| | 그녀는 지혜로운 소녀이다. | She is _____ _____ girl. |

## B  주어진 수량 형용사를 이용하여 문장을 완성하세요.

| many | much | a few | a little | few | little |
|---|---|---|---|---|---|

1. 그는 많은 계획을 가지고 있다.  He has [ many ] plans.

2. 그녀는 많은 돈을 쓰지 않는다.  She doesn't spend [        ] money.

3. 그 연못에는 물이 거의 없다.  There is [        ] water in the pond.

4. 그들은 시간이 좀 필요하다.  They need [        ] time.

5. 그 아이들은 장난감이 거의 없다.  The children have [        ] toys.

6. 그 방에는 의자가 좀 있다.  There are [        ] chairs in the room.

## A 우리말을 보고, 다음 빈칸에 some 또는 any 중 알맞은 것을 쓰세요.

1. 그 병에 <u>약간의</u> 물이 있다. → There is [ some ] water in the bottle.

   그 병에 <u>약간의</u> 물이 있니? → Is there [ any ] water in the bottle?

2. 그 동물원에 <u>약간의</u> 동물들이 있다. → There are [ ] animals in the zoo.

   그 동물원에 <u>어떤</u> 동물들도 없다. → There aren't [ ] animals in the zoo.

3. 그는 <u>약간의</u> 피자를 가지고 있다. → He has [ ] pizza.

   피자 좀 드시겠어요? (권유) → Would you like [ ] pizza?

4. 커피가 좀 있나요? → Do you have [ ] coffee?

   커피를 좀 드시겠어요? (권유) → Do you want [ ] coffee?

## B 우리말에 맞게 영어 문장에서 틀린 부분을 찾아 고쳐 쓰세요.

1. 그녀는 친구가 없다. She doesn't have (no) friends. → [ any ]

2. 그는 어떤 책도 가지고 있지 않다. He doesn't have some books. → [ ]

3. 이것은 무거운 가방이다. This is heavy a bag. → [ ]

4. 단지 안에 소금이 거의 없다. There is a little salt in the jar. → [ ]

5. 그는 많은 그림을 그린다. He draws much pictures. → [ ]

6. 탁자 위에 사과가 조금 있다. There are few apples on the table. → [ ]

7. 그 남자는 친절하다. The man kind is. → [ ]

## 형용사의 역할

1. 형용사는 주로 be동사 뒤에서, 주어를 _____ 하는 보어 역할을 해요.

2. 또한, 명사 바로 _____ 에서, 명사를 _____ 하는 역할도 해요.

## 수량 형용사 1

3. '많은'이라는 뜻의 _____ 는 셀 수 있는 명사 앞, _____ 는 셀 수 없는 명사 앞에 써요.

4. many나 much 대신 _____ 를 쓸 수 있어요.

5. a few와 few는 _____ 명사 앞에 쓰며,

6. a few는 ' _____ ', few는 ' _____ ' 이라는 의미예요.

7. a little과 little은 _____ 명사 앞에 쓰며,

8. a little은 ' _____ ', little은 ' _____ ' 이라는 의미예요.

## 수량 형용사 2

9. a few나 a little 대신 _____ 을 쓸 수 있어요. 주로 _____ 문에서 써요.

10. _____ 문과 의문문에서는 some을 쓰지 않고, _____ 를 써요.

11. [no + 명사]는 [don't ~ _____ + 명사]와 같아요.

_____ / 17 문제

# 누적 복습 CHAPTER 1~4에서 배운 문장을 변형하며 복습하세요.

## \<SET 01\>

**❶** 그것은 작은 시계(watch)구나.

➡ _____ is _____ _____ _____ .

명사/관사
대명사
형용사

**❷** 이것들도 나의 것이야.

➡ _____ are _____ , too.

대명사

**❸** 넌 많은 시계를 가지고 있구나.

➡ _____ have _____ _____ .

명사
대명사
형용사

**❹** 오, 저건 비싼 시계네.

➡ Oh, _____ is _____ _____ _____ .

명사/관사
대명사
형용사

## \<SET 02\>

**❶** 너 시간(time) 좀 가지고 있어?

➡ Do you have _____ _____ ?

명사
형용사

**❷** 난 오늘밤에 시간 좀 있어.

➡ I have _____ _____ tonight.

명사
형용사

**❸** 사실, 오늘밤에 많은 시간이 있어.

➡ Actually, I have _____ _____ _____ _____ tonight.

명사
형용사

**❹** 하지만, 지금은 어떤 시간도 없어.

➡ But I don't have _____ _____ now.

명사
형용사

| CH 01 | CH 02 | CH 03 | CH 04 | CH 05 | CH 06 | CH 07 | CH 08 |
|---|---|---|---|---|---|---|---|
| 명사 | 관사 | 대명사 | 형용사 | 부사 | 비교급 | 전치사 | 의문사 |

# &lt;SET 03&gt;

명사
대명사
형용사

❶ 저 풍선(balloon)들은 매우 크다.

➡ _____ _____ are very _____ .

명사
대명사
형용사

❷ 그것들은 큰 풍선들이야.

➡ _____ are _____ _____ .

명사
대명사

❸ 이것은 그의 풍선이야.

➡ _____ is _____ _____ .

명사/관사
대명사
형용사

❹ 그의 것은 못생긴 풍선이야.

➡ _____ is _____ _____ _____ .

# &lt;SET 04&gt;

명사
형용사

❶ 탁자 위에 물 좀 있니?

➡ Is there _____ _____ on the table?

명사
형용사

❷ 물은 거의 없어.

➡ There is _____ _____ .

명사
형용사

❸ 난 많은 물을 가지고 있지 않아.

➡ I don't have _____ _____ .

명사
형용사

❹ 탁자 아래 몇 개의 병들(bottle)이 있어.

➡ There are _____ _____ _____ under the table.

# CHAPTER 05 부사

# 부사의 역할

## GRAMMAR 다음 문법 규칙들을 3회 이상 소리 내어 읽으세요. ① ② ③

○ **부사는 동사나 형용사 등의 의미를 분명하게 하는 말이에요.**

↳ 우리말에 '~하게', '~히'와 같이 끝나는 말이나, '정말', '매우'와 같은 말이 부사예요.

⇨ 우리말에서 동사나 형용사의 의미를 분명하게 해 주는 부사를 찾아보세요.

① 그녀는 <u>천천히</u> 먹는다.
　　 부사 ('어떻게' 먹는지 표현)

② 그는 <u>매우</u> 낡은 집에 산다.
　　 부사 ('얼마나' 낡았는지 표현)

○ **부사는 주로 문장의 끝에서 동사의 의미를 분명히 해요. (동사 수식)**

She <u>eats</u> slowly. 그녀는 천천히 먹는다. ('어떻게' 먹는지 표현)
She <u>studies</u> English hard. 그녀는 영어를 열심히 공부한다. ('어떻게' 공부하는지 표현)

○ **다른 부사 바로 앞에서 그 부사의 의미를 분명히 할 때도 써요. (다른 부사 수식)**

She eats very <u>slowly</u>. 그녀는 매우 천천히 먹는다. ('얼마나' 천천히인지 표현)
She studies English really <u>hard</u>. 그녀는 영어를 정말 열심히 공부한다. ('얼마나' 열심히인지 표현)

○ **형용사 바로 앞에서 그 형용사의 의미를 분명히 할 때도 써요. (형용사 수식)**

It is a truly <u>funny</u> story. 그것은 진심으로 웃긴 이야기예요. ('얼마나' 웃긴지 표현)
They are mainly <u>rotten</u>. 그것들은 거의 썩었어요. ('얼마나' 썩었는지 표현)

**단수 명사를 수식하는 형용사 앞의 부사에 따라, 부정관사 a를 쓸지 an을 쓸지 결정해요.**

- <u>an</u> interesting story 재미있는 이야기 하나
- <u>a</u> very interesting story 매우 재미있는 이야기 하나
- <u>an</u> oddly interesting story 이상하게 재미있는 이야기 하나

# GRAMMAR 다음 활동을 하며 문법 규칙을 재미있게 익히세요.

## A 다음 밑줄 친 부사의 역할에 체크하세요.

|  | ① 동사 수식 (주로 문장 끝) | ② 다른 부사 수식 (다른 부사 앞) | ③ 형용사 수식 (형용사 앞) |
|---|---|---|---|
| 1. She is <u>really</u> nice. 그녀는 정말 착해요. |  |  | V |
| 2. He walks <u>fast</u>. 그는 빠르게 걸어요. |  |  |  |
| 3. He talks <u>very</u> slowly. 그는 매우 천천히 말해요. |  |  |  |
| 4. They are <u>so</u> busy. 그들은 매우 바빠요. |  |  |  |
| 5. We meet <u>early</u>. 우리는 일찍 만나요. |  |  |  |
| 6. She speaks <u>really</u> quietly. 그녀는 정말 조용하게 말해요. |  |  |  |

## B 제시된 규칙을 순서대로 적용하여, 주어진 단어들을 하나로 합쳐 쓰세요.

| ① 부사는 형용사 바로 앞에서 형용사를 수식해요. | ② 부사가 모음 발음으로 시작한다면, 부정관사 an을 써요. |
|---|---|

1. oddly 이상하게 ＋ a sad movie 슬픈 영화 ➡ an oddly sad movie

2. slowly 천천히 ＋ a growing plant 자라는 식물 ➡ --------------------

3. very 매우 ＋ a funny drama 웃기는 드라마 ➡ --------------------

4. extremely 극도로 ＋ a rare book 희귀한 책 ➡ --------------------

5. truly 진심으로 ＋ a boring story 지루한 이야기 ➡ --------------------

6. really 정말 ＋ an exciting game 흥미로운 경기 ➡ --------------------

## A  빈칸에 들어갈 알맞은 말을 고르고, 쓰세요.

| 형용사 | 부사 |
|---|---|
| good | well |
| good | well |
| real | really |
| real | really |
| kind | kindly |
| kind | kindly |
| easy | easily |
| easy | easily |

1. She can sing _____ . 그녀는 잘 노래할 수 있어요.

2. She is a _____ singer. 그녀는 좋은 가수예요.

3. Those are _____ flowers. 저것들은 진짜 꽃이야.

4. He works _____ hard. 그는 진짜로 열심히 일해요.

5. He spoke _____ to us. 그는 우리에게 친절하게 말했어.

6. He is _____ to us. 그는 우리에게 친절해.

7. This math problem is really _____ .
이 수학 문제는 정말 쉬워요.

8. He solved the math problem _____ .
그는 그 수학 문제를 쉽게 풀었어요.

## B  주어진 단어를 바르게 배열하여 문장을 완성하세요.

1. 그녀는 매우 현명한 학생이다.  [ very ] [ student ] [ a/an ] [ clever ]

➡ She is _____ .

2. 이것은 극도로 어려운 주제이다.  [ extremely ] [ subject ] [ a/an ] [ difficult ]

➡ This is _____ .

3. 그 세계는 이상하게 아름다운 장소였다.  [ oddly ] [ place ] [ a/an ] [ beautiful ]

➡ The world was _____ .

## 부사의 개념

**1.** 부사는 동사나 형용사 등의 의미를 분명하게 하는 말이에요.

**2.** 부사는 우리말의 '~          , ~히'와 같이 끝나는 말이나, '정말, 매우'와 같은 말이에요.

## 부사의 역할

**3.** 부사는 주로 문장의 끝에서          의 의미를 분명히 하거나,
(예) She <u>eats</u> slowly. 그녀는 천천히 먹는다.

**4.** 다른 부사 바로          에서 그 부사의 의미를 분명히 하거나,
(예) She eats very <u>slowly</u>. 그녀는 매우 천천히 먹는다.

**5.** 형용사 바로          에서 그 형용사의 의미를 분명히 할 때도 써요.
(예) It is a truly <u>funny</u> story. 그것은 진심으로 웃긴 이야기예요.

**6.** 단수 명사 앞의 형용사를 수식하는 부사가 '자음' 발음으로 시작하면 앞에 부정관사          를,
(예)          very interesting story 매우 재미있는 이야기

**7.** 단수 명사 앞의 형용사를 수식하는 부사가 '모음' 발음으로 시작하면 앞에          을 붙여요.
(예)          oddly interesting story 이상하게 재미있는 이야기

_____ / 9 문제

# 주의해야 할 부사

## GRAMMAR 다음 문법 규칙들을 3회 이상 소리 내어 읽으세요. ①②③

○ **부사는 원래 그 자체가 부사인 것과 형용사에 -ly를 붙여서 만든 부사가 있어요.**

↳ 형용사에 -ly가 붙는 경우, [자음 + y]로 끝나면 y를 없애고 -ily를 붙여요.

| 원래 그 자체가 부사 | | [형용사 + -ly] 부사 | |
|---|---|---|---|
| so 매우 | too 너무 | slowly 천천히 | happily 행복한 |
| very 매우 | soon 곧 | quietly 조용히 | easily 쉽게 |

○ **-ly로 끝나지만 형용사인 단어에 주의하세요.**

friendly 친절한     lovely 사랑스러운     manly 남자다운
silly 어리석은     lonely 외로운     ugly 못생긴

○ **형용사와 부사의 형태가 같은 것에 주의하세요.**

| 형용사 | 부사 |
|---|---|
| hard 딱딱한, 어려운 | hard 열심히 |
| early 이른 | early 일찍 |
| late 늦은 | late 늦게 |

| 형용사 | 부사 |
|---|---|
| fast 빠른 | fast 빠르게, 빨리 |
| high 높은 | high 높이, 높게 |
| long 긴 | long 길게 |

◆ 형용사와 부사의 형태가 전혀 다른 경우도 있어요.

good 좋은, 잘된 (형용사) ▷ well 좋게, 잘 (부사)

○ **위의 부사들 중에 -ly를 붙이면 전혀 다른 뜻이 되는 것에 주의하세요.**

hardly 거의 ~ 않다     lately 최근에     highly 대단히, 매우

GRAMMAR 다음 활동을 하며 문법 규칙을 재미있게 익히세요.

## A  제시된 형용사와 부사 설명을 보고, 밑줄 친 단어에 해당하는 번호를 쓰세요.

| ❶ [부사] 문장 끝에서 동사를 수식하거나, 바로 앞에서 형용사나, 다른 부사를 수식해요. | ❷ [형용사] 바로 앞에서 명사를 수식하거나, be동사 뒤에서 주어를 설명해요. |
|---|---|

1. She speaks <u>quietly</u>.  `1`
그녀는 조용히 말한다.

2. He is <u>friendly</u>.  ☐
그는 친절해요.

3. Look at that <u>ugly</u> guy.  ☐
저 못생긴 녀석을 봐.

4. He is really <u>manly</u>.  ☐
그는 정말 남자다워.

5. He nodded <u>sadly</u>.  ☐
그는 슬프게 끄덕였다.

6. It was a <u>silly</u> idea.  ☐
그것은 어리석은 생각이었어.

7. They are <u>totally</u> right.  ☐
그들이 전적으로 옳아.

8. She is so <u>lovely</u>.  ☐
그녀는 매우 사랑스러워.

## B  A의 설명을 참고하여, 밑줄 친 말이 부사인지 형용사인지 고르세요.

1. It was a <u>hard</u> problem.  부사 ┊ 형용사
그것은 어려운 문제였어.

2. She works very <u>hard</u>.  부사 ┊ 형용사
그녀는 매우 열심히 일해요.

3. He came <u>late</u> today.  부사 ┊ 형용사
그는 오늘 늦게 왔어요.

4. I was <u>late</u> for dinner.  부사 ┊ 형용사
저는 저녁 식사에 늦었어요.

5. She is a <u>fast</u> driver.  부사 ┊ 형용사
그녀는 빠른 운전자예요.

6. She drives really <u>fast</u>.  부사 ┊ 형용사
그녀는 정말 빠르게 운전해요.

7. My mom gets up <u>early</u>.  부사 ┊ 형용사
우리 엄마는 일찍 일어나신다.

8. I had an <u>early</u> breakfast.  부사 ┊ 형용사
나는 이른 아침을 먹었어.

9. I have a <u>high</u> voice.  부사 ┊ 형용사
나는 높은 목소리를 가지고 있어요.

10. Frogs can jump <u>high</u>.  부사 ┊ 형용사
개구리는 높게 뛸 수 있어.

## A 우리말을 보고, 빈칸에 알맞은 말을 고르세요.

**1.** 그는 하늘을 아름답게 그렸다.

He painted the sky ................. .

| beautiful | beautifully |

**2.** 그녀는 행복한 삶을 살았다.

She lived a ................. life.

| happy | happily |

**3.** 그들은 그녀에게 매우 친절하다.

They are very ................. towards her.

| friend | friendly |

**4.** 나는 영어를 매우 열심히 공부해.

I study English very ................. .

| hard | hardly |

**5.** 마이크는 빨리 달릴 수 있어.

Mike can run ................. .

| fast | fastly |

**6.** 너는 너무 늦게 자.

You go to bed too ................. .

| late | lately |

## B 우리말을 보고, 빈칸에 알맞은 말을 아래 [보기]에서 찾아 쓰세요.

**1.** 우리가 곧 거기에 갈 거야.　　We will be there [ soon ].

**2.** 너의 선생님 말씀을 주의 깊게 들어라.　Listen [        ] to your teacher.

**3.** 그들은 대단히 성공한 사람들이다.　They are [        ] successful people.

**4.** 아빠는 매우 안전하게 운전하신다.　My dad drives very [        ].

**5.** 돌고래는 매우 높이 점프할 수 있다.　Dolphins can jump very [        ].

**6.** 그는 그 일을 빠르게 끝냈다.　He finished the work [        ].

**7.** 에이미는 수영을 매우 잘한다.　Amy can swim very [        ].

[보기]　high　soon　safely　highly　carefully　fast　well

- 108 -

# GRAMMAR UNIT 1~2에서 배운 문법을 복습하세요.

## A 빈칸에 알맞은 형용사나 부사를 쓰세요.

| | 형용사 | 부사 | | | 형용사 | 부사 |
|---|---|---|---|---|---|---|
| 1. | nice / 멋진, 좋은 | nicely / 멋지게, 좋게 | 5. | / 좋은 | well / 잘 |
| 2. | easy / 쉬운 | / 쉽게 | 6. | heavy / 무거운 | / 무겁게 |
| 3. | high / 높은 | / 높이, 높게 | 7. | hard / 딱딱한, 어려운 | / 열심히 |
| 4. | / 위험한 | dangerously / 위험하게 | 8. | / 이른 | early / 일찍 |

## B 다음 문장에서 부사를 모두 찾아 동그라미 하세요.

1. 개미들은 여름에 정말 열심히 일한다.   Ants work (really) (hard) in summer.

2. 그 아기는 너무 사랑스럽다.   The baby is so lovely.

3. 그 노부인은 정말 외로웠다.   The old woman was very lonely.

4. 그 퀴즈는 너무 어려웠다.   The quiz was really hard.

5. 우리는 곧 당신을 방문할 거예요.   We will visit you soon.

6. 그는 매우 조심스럽게 운전한다.   He drives very carefully.

7. 그 남자는 정말 키가 크다.   The man is really tall.

## 부사의 역할

**1.** 부사는 주로 _____ 의 끝에서 동사의 의미를 분명히 하거나,

**2.** 다른 부사 바로 _____ 에서 그 _____ 의 의미를 분명히 하거나,

**3.** 형용사 바로 _____ 에서 그 형용사의 의미를 분명히 할 때 써요.

## 부사의 형태

**4.** 원래 그 자체가 부사인 단어도 있지만, 형용사에 _____ 를 붙여서 만든 부사도 있어요.

**5.** friendly(친근한), lovely(사랑스러운) 처럼 –ly로 끝나지만 _____ 인 단어들에 주의해야 해요.

**6.** 형용사와 부사의 형태가 같은 단어들에 주의해야 해요.

| | |
|---|---|
| hard 딱딱한, 어려운<br>fast 빠른<br>late 늦은 | hard 열심히<br>fast 빠르게, 빨리<br>late 늦게 |

**7.** hardly(거의 ~ 않다), lately(늦게)처럼 부사에 _____ 를 붙이면 전혀 다른 뜻이 되는 것에
주의해야 해요.

_____ / 9 문제

# 빈도 부사

---

○ **빈도 부사란 얼마나 자주 하는지를 분명하게 해 주는 부사를 말해요.**

↪ 우리말에서 빈도 부사를 찾아보세요.
① 나는 종종 그녀를 만난다.　　　② 나는 가끔 아침을 먹는다.

○ **얼마나 자주 하는지(빈도)에 따라 알맞은 빈도 부사를 사용하세요.**

| 100% | 항상, 언제나 | always |
|------|------------|--------|
| 80% | 보통, 대개 | usually |
| 60% | 종종, 자주 | often |
| 40% | 가끔, 때때로 | sometimes |
| 10% | 거의 ~(하지) 않다 | hardly, seldom, rarely |
| 0% | 절대 ~(하지) 않다 | never |

○ **빈도 부사는 일반동사의 바로 앞에 쓰고, be동사의 바로 뒤에 써요.**

| <u>be동사</u> + 빈도 부사 | He <u>is</u> often sick. 그는 종종 아프다. |
|------|------|
| 빈도 부사 + <u>일반동사</u> | He often <u>goes</u> to a doctor. 그는 종종 의사에게 간다. |

---

**0 ~ 10%의 빈도부사들은 이미 부정의 의미이므로, not이 필요하지 않아요.**

|  | 그는 절대 잠을 자지 않아요. | 그는 거의 정직하지 않아요. |
|------|------|------|
| (X) | He never <u>doesn't</u> sleep. | He is hardly <u>not</u> honest. |
| (O) | He never sleeps. | He is hardly honest. |

## DO GRAMMAR 다음 활동을 하며 문법 규칙을 재미있게 익히세요.

## A  우리말의 밑줄 친 부분에 해당하는 빈도(%)와 빈도 부사에 연결하세요.

| 빈도(%) (얼마나 자주) | 빈도 부사 | |
|---|---|---|
| 100% | always | 항상 |
| 80% | usually | 주로, 보통 |
| 60% | often | 종종, 자주 |
| 40% | sometimes | 가끔, 때때로 |
| 10% | hardly, seldom | 거의 ~ 않다 |
| 0% | never | 절대 ~ 않다 |

1. 나는 <u>거의</u> 물을 마시지 않아.  •

2. 나는 <u>가끔</u> 슬퍼요.  •

3. 나는 <u>종종</u> 한가해요.  •

4. 나는 <u>절대</u> 커피를 마시지 않아요.  •

5. 나는 <u>항상</u> 스마트폰을 가지고 다녀.  •

6. 나는 <u>보통</u> 7시에 일어나요.  •

## B  A의 표와 아래 규칙을 참고하여, 알맞은 빈도 부사를 쓰고 알맞은 자리에 체크하세요.

| ❶ 빈도 부사는 일반동사 바로 앞에 써요. | ❷ 빈도 부사는 <u>be동사 바로 뒤</u>에 써요. |
|---|---|

1. 그녀는 <u>종종</u> 늦게 일어나.

often

She gets up late.

2. 우리는 <u>가끔</u> 한가해.

We are free.

3. 그녀는 <u>항상</u> 차를 마셔.

She drinks tea.

4. 그는 <u>거의</u> 아프지 <u>않아</u>.

He is sick.

5. 그들은 밤에 <u>절대</u> 울지 <u>않아</u>.

They cry at night.

6. 우리는 <u>보통은</u> 행복해.

We are happy.

## A 아래 주어진 빈도 부사 중 알맞은 것을 골라, 둘 중 알맞은 자리에 쓰세요.

| always | usually | often | sometimes | hardly | never |

1. 그들은 <u>가끔</u> 방과 후에 만나요.     They [ sometimes ] meet [　　　] after school.

2. 그는 밤에 <u>절대</u> 내게 전화하지 않아요.    He [　　　] calls [　　　] me at night.

3. 우리는 학교에 <u>거의</u> 늦지 않아요.    We [　　　] are [　　　] late for school.

4. 그녀는 <u>보통</u> 집에 있어요.    She [　　　] is [　　　] at home.

5. 나의 삼촌은 <u>종종</u> 낚시하러 간다.    My uncle [　　　] goes [　　　] fishing.

6. 그는 <u>항상</u> 그 담요를 가지고 다닌다.    He [　　　] carries [　　　] the blanket.

## B 우리말에 맞게 밑줄 친 부분을 바르게 고쳐 쓰세요.

1. 그들은 항상 바빠요.    They <u>often are</u> busy.  ➡ are always

2. 그는 절대 제시간에 오지 않아.    He <u>seldom is</u> on time.  ➡

3. 우리는 종종 할머니를 방문해요.    We <u>usually visit</u> our grandma.  ➡

4. 그들은 보통 늦게 자요.    They <u>sleep usually</u> late.  ➡

5. 그는 절대 아침을 먹지 않아.    He <u>hardly eats</u> breakfast.  ➡

6. 나는 가끔 쇼핑하러 가.    I <u>go sometimes</u> shopping.  ➡

7. 그녀는 항상 행복해.    She <u>is never</u> happy.  ➡

8. 그녀는 거의 그를 만나지 않아요.    She <u>doesn't rarely</u> meets him.  ➡

## A  다음 중 부사가 <u>아닌</u> 것을 고르세요.

| 1. | often | soon | clean |
|----|-------|------|-------|
| 2. | friendly | dangerously | never |
| 3. | really | quiet | sometimes |
| 4. | pretty | very | usually |
| 5. | rarely | busy | carefully |
| 6. | too | hardly | lonely |
| 7. | truly | quietly | lovely |
| 8. | well | good | so |

## B  다음 문장에서 부사를 모두 찾아 동그라미 하세요.

1. She often goes skiing in winter.

   그녀는 겨울에 종종 스키 타러 가요.

2. He is a very hard worker.

   그는 매우 열심히 일하는 사람이에요.

3. Puppies are really lovely.

   강아지들은 정말 사랑스럽다.

4. This train goes too slowly.

   이 기차는 너무 느리게 간다.

5. The teacher is never angry.

   그 선생님은 결코 화내지 않는다.

6. The man drives very well.

   그 남자는 운전을 매우 잘한다.

## A 우리말을 보고, 빈칸에 알맞은 부사를 아래 [보기]에서 찾아 쓰세요.

1. 그 접시는 너무 작다.　　　　　　The dish is ____too____ small.

2. 그들은 곧 도착할 것이다.　　　　They will arrive _____.

3. 수지는 항상 그녀의 인형과 함께 있다.　Susie is _____ with her doll.

4. 그 음식은 정말 맛있다.　　　　　The food is _____ delicious.

5. 난 결코 그 기회를 얻지 못할 거야.　I will _____ get the chance.

6. 그 새들은 정말 빠르게 날아갔다.　The birds flew so _____.

7. 우리는 조부모님을 자주 방문한다.　We _____ visit our grandparents.

[보기]　too　often　soon　really　never　always　fast

## B 괄호 안의 부사가 들어갈 알맞은 자리에 체크하세요.

1. 그 앵무새는 정말 영리하다. (really)　The parrot ☐ is ☑ clever ☐.

2. 그는 테니스를 매우 잘 친다. (well)　He plays ☐ tennis ☐ very ☐.

3. 너는 내 의견에 거의 동의하지 않아. (rarely)　You ☐ agree ☐ with my opinion ☐.

4. 그녀는 종종 커피를 마신다. (often)　She ☐ drinks ☐ coffee ☐.

5. 닉은 그 문제를 매우 쉽게 풀었다. (very)　Nick ☐ solved ☐ the problem ☐ easily.

6. 저 탁자는 그 방에는 너무 크다. (too)　That table ☐ is ☐ big ☐ for the room.

7. 나는 그것들을 빠르게 옮겼다. (quickly)　I moved ☐ them ☐.

## A  우리말에 맞게 영어 문장에서 틀린 부분을 찾아 고쳐 쓰세요.

**1.** 그는 낯선 사람에게 절대 말하지 않아.　He talks never to a stranger.

**2.** 그녀는 정말 좋은 학생이다.　She is a nice very student.

**3.** 그 소년은 축구를 정말 잘한다.　The boy plays soccer very good.

**4.** 그는 가끔 그의 미래의 직업에 대해 생각해.　He thinks sometimes about his future job.

**5.** 스미스 씨는 정말 좋은 선생님이에요.　Mr. Smith is a good teacher really.

**6.** 그의 새로운 책은 매우 재미있다.　His new book is very interestingly.

## B  주어진 말을 바르게 배열하여 문장을 완성하세요.

**1.** 그녀의 방은 항상 깨끗하다.

| clean | is | always |
|---|---|---|
| 깨끗한 | ~(이)다 | 항상 |

➡ Her room ☐ ☐ ☐ .

**2.** 그 개들은 어젯밤에 시끄럽게 짖었다.

| loudly | barked |
|---|---|
| 시끄럽게 | 짖었다 |

➡ The dogs ☐ ☐ last night.

**3.** 나는 그들을 거의 만나지 않아.

| meet | seldom |
|---|---|
| 만나다 | 거의 ~ 않다 |

➡ I ☐ ☐ them.

**4.** 그 소년들은 매우 예의 바르게 행동해.

| politely | very | behave |
|---|---|---|
| 예의 바르게 | 매우 | 행동하다 |

➡ The boys ☐ ☐ ☐ .

**5.** 우리는 때때로 시장에 가요.

| go | sometimes |
|---|---|
| 가다 | 때때로 |

➡ We ☐ ☐ to the market.

## 부사의 역할

**1.** 부사는 문장 끝에서 ~~동사~~ 의 의미를 분명히 하거나

**2.** 수식하는 말 바로 앞에서 _____ 또는 부사의 의미를 분명히 해요.

## 부사의 형태

**3.** 원래 부사인 단어도 있지만, 형용사에 _____ 를 붙여서 만든 부사도 있어요.

**4.** 형용사와 부사가 같은 hard, early, late, _____ , _____ , _____ 에 주의해야 해요.

## 빈도 부사

**5.** 빈도 부사는 _____ 를 표현하는 부사예요.

**6.** 얼마나 자주 하는지를 100% ~ 0%로 아래와 같이 구분해요.

| 빈도 | 의미 | 빈도 부사 |
|---|---|---|
| 100% | 항상, 언제나 | |
| 80% | | usually |
| 60% | | |
| 40% | 가끔, 때때로 | |
| 10% | | hardly, seldom, rarely |
| 0% | | |

**7.** 빈도 부사는 be동사 _____ 에 위치하고, 일반동사 _____ 에 위치해요.

_____ / 17 문제

## \<SET 01\>

명사
관사
형용사

**❶** 그것은 <u>흥미진진한</u>(exciting) <u>게임</u>(game)이었어!

➡ It was ........................ ........................................ !

명사/관사
형용사
부사

**❷** 그것은 <u>매우</u>(very) 흥미진진한 게임이었어!

➡ It was ............... .................... ................ .............. !

부사

**❸** 다음에는 <u>천천히</u>(slow) 하자.

➡ Let's play it .............. next time.

명사
관사
형용사

**❹** 나는 <u>느린 게임</u>을 좋아하지 않아.

➡ I don't like ................. ...................... ................ .

## \<SET 02\>

형용사
부사

**❶** 너 오늘은 <u>매우</u>(so) <u>이른</u>(early)데!

➡ You are .................... ................... today!

명사
형용사

**❷** <u>많은 숙제</u>(homework)가 있어요.

➡ There is .................. .................. .............. .

명사
형용사

**❸** 나는 <u>많은 시간</u>(time)을 가지고 있지 않아요.

➡ I don't have ....................... ................ .

부사

**❹** 나는 <u>매우</u>(very) <u>일찍</u>(early) 시작해야 해요.

➡ I should start ................ ................ .

# \<SET 03\>

❶ 그는 종종 조용히(quiet) 노래해.

➡ ..................... ..................... sings ..................... .

대명사
부사

❷ 그는 가끔 시끄럽게(loud) 노래해.

➡ ..................... ..................... sings ..................... .

대명사
부사

❸ 그는 거의 멈추지 않아.

➡ ..................... ..................... stops.

대명사
부사

❹ 그에게 문제들(problem)이 좀 있니?

➡ Are there ..................... ..................... with ..................... ?

명사
대명사
형용사

# \<SET 04\>

❶ 그녀는 내게 절대 전화하지 않아.

➡ ..................... ..................... calls ..................... .

대명사
부사

❷ 그녀는 매우 바쁜(busy) 여자(woman)예요.

➡ ..................... is ..................... ..................... ..................... .

명사/관사
대명사
형용사/부사

❸ 난 그녀의 사무실에서 그녀를 항상 봐.

➡ I ..................... see ..................... in ..................... office.

대명사
부사

❹ 그녀는 휴식(rest)을 좀 가져야 해.

➡ She should get ..................... ..................... .

명사
형용사

# CHAPTER 06 비교급

# 형용사와 부사의 비교급 1

⊙ **비교급이란 '더 ~한', '더 ~하게'와 같은 의미를 갖는 형용사와 부사를 말해요.**

    ↳ 원급은 형용사와 부사의 원래 형태를 의미해요.

    ⇨ 우리말에서 형용사, 부사의 원급과 비교급을 찾아보세요.

    ① 너는 <u>지혜롭다</u>. 그녀는 <u>더 지혜롭다</u>.　　② 그는 <u>빨리</u> 먹어. 나는 <u>더 빨리</u> 먹어.
          형용사 원급　　　형용사 비교급　　　　　　　　부사 원급　　　부사 비교급

⊙ **형용사, 부사(원급)에 -(e)r을 붙이면, 비교급이 돼요.**

|  | 원급 | 비교급 |
|---|---|---|
| 형용사 | You are <u>wise</u>. 너는 현명해. | She is wiser. 그녀는 더 현명해. |
| 부사 | He eats <u>fast</u>. 그는 빨리 먹어. | I eat faster. 나는 더 빨리 먹어. |

⊙ **형용사, 부사의 형태에 따라 -(e)r을 붙이는 방법이 달라요.**

| -e로 끝나는 경우 | + -r | nice - nicer 더 좋은 | large - larger (규모가) 더 큰 |
|---|---|---|---|
| [자음 + -y]<br>로 끝나는 경우 | y를 i로 고치고<br>+ -er | early - earlier 더 일찍[이른]<br>pretty - prettier 더 예쁜 | happy - happier 더 행복한<br>easy - easier 더 쉬운 |
| [단모음 + 단자음]<br>으로 끝나는 경우 | 마지막 자음 한 번<br>더 쓰고 + -er | big - bigger 더 큰<br>fat - fatter 더 뚱뚱한 | hot - hotter 더 뜨거운<br>thin - thinner 더 마른 |

⊙ **형용사, 부사 앞에 more를 붙여 비교급을 만드는 경우도 알아 두세요.**

| -ing, -(e)d, -ous, -ful이<br>붙어 형용사가 된 경우 | more <u>interesting</u> 더 재미있는<br>more danger<u>ous</u> 더 위험한 | more <u>tired</u> 더 피곤한<br>more care<u>ful</u> 더 조심하는 |
|---|---|---|
| -ly가 붙어 부사가 된 경우 | more slow<u>ly</u> 더 천천히<br>more quiet<u>ly</u> 더 조용히 | more calm<u>ly</u> 더 침착하게<br>more care<u>fully</u> 더 조심스럽게 |

## DO  GRAMMAR 다음 활동을 하며 문법 규칙을 재미있게 익히세요.

### A 밑줄 친 우리말이 원급인지 비교급인지 고르세요.

1. 이 집은 <u>낡았다</u>. ➡ | 원급 | old | | 비교급 | older |
2. 저 집은 <u>더 낡았다</u>. ➡ | 원급 | old | | 비교급 | older |
3. 이 가방은 <u>새것이다</u>. ➡ | 원급 | new | | 비교급 | newer |
4. 저 가방은 <u>더 새것이다</u>. ➡ | 원급 | new | | 비교급 | newer |

### B 제시된 규칙에 따라 원급을 비교급으로 만들어 보세요.

1. -e로 끝나는 경우  ➡ + -r | large ➡
2. [자음 + -y] 로 끝나는 경우  ➡ y를 i로 고치고 + -er | pretty ➡
3. [단모음 + 단자음] 으로 끝나는 경우 ➡ 마지막 자음 한 번 더 쓰고 + -er | big ➡

### C 다음 형용사, 부사에 해당하는 규칙과 연결하고, 비교급으로 만드세요.

❶ -ing, -(e)d, -ous, -ful
로 끝나는 형용사의 비교급
➡ more + 형용사 (더 ~한)

❷ [형용사 + -ly]로 끝나는
부사의 비교급
➡ more + 부사 (더 ~하게)

❸ 원래부터 형용사나 부사인
단어의 비교급
➡ 형용사/부사 + -er

- exciting 흥미진진한 ➡ more exciting
- small 작은 ➡
- bored 지루해하는 ➡
- slowly 느리게 ➡
- hard 열심히, 어려운 ➡
- kindly 친절하게 ➡
- beautiful 아름다운 ➡

## A 우리말을 보고, 알맞은 비교급을 고르세요.

1. 이 가방이 <u>더 싸다</u>.   This bag is | more cheap | (cheaper) | .

2. 이것이 <u>더 재미있다</u>.   This is | more interesting | interestinger | .

3. 저 산이 <u>더 높다</u>.   That mountain is | more high | higher | .

4. 그녀가 <u>더 열심히</u> 공부해.   She studies | more hard | harder | .

5. 그가 <u>더 조심스럽게</u> 말한다.   He talks | more carefully | carefullier | .

6. 이 차가 <u>더 조용히</u> 달린다.   This car runs | more quietly | quieter | .

7. 이 바지가 <u>더 크다</u>.   These pants are | biger | bigger | .

## B 우리말 의미에 맞게 알맞은 비교급과 연결하세요.

| | | | |
|---|---|---|---|
| 1. 그녀가 <u>더 느리다</u>. | ⇒ She is • | | • more slowly. |
| 그녀가 <u>더 느리게</u> 달린다. | ⇒ She runs • | | • slower. |
| 2. 그가 <u>더 차분하다</u>. | ⇒ He is • | | • calmer. |
| 그가 <u>더 차분하게</u> 말한다. | ⇒ He talks • | | • more calmly. |
| 3. 그들은 <u>더 재빨랐다</u>. | ⇒ They were • | | • more quickly. |
| 그들은 <u>더 신속하게</u> 움직였다. | ⇒ They moved • | | • quicker. |
| 4. 미나는 <u>더 차가웠다</u>. | ⇒ Mina was • | | • colder. |
| 미나는 <u>더 차갑게</u> 행동했다. | ⇒ Mina acted • | | • more coldly. |

## CHECK GRAMMAR 2 배운 문법을 문제를 통해 확인하세요.

### A 우리말의 밑줄 친 부분을 주어진 형용사, 부사를 활용하여 알맞은 형태로 쓰세요.

1. 이 신발이 더 낡았다.     These shoes are _____older_____. ← old

2. 이것이 더 위험하다.     This is _____. ← dangerous

3. 이 장소가 더 어둡다.     This place is _____. ← dark

4. 이 집이 더 아름답다.     This house is _____. ← beautiful

5. 우리가 더 늦게 떠났다.     We left _____. ← late

6. 그녀는 더 슬프게 울었다.     She cried _____. ← sadly

7. 더 크게 말해 주세요.     Please talk _____. ← loudly

8. 이제 더 분명하게 들려요.     Now, I hear _____. ← clearly

### B 우리말에 맞게 영어 문장에서 틀린 부분을 찾아 고쳐 쓰세요.

| 1. 그녀가 더 예쁘다 She is (more pretty). → prettier | 2. 내 것이 더 높다. Mine is more high. → | 3. 이것이 더 길다. This is more long. → |
| 4. 그녀가 더 키가 크다. She is more taller. → | 5. 이 접시가 더 얇다. This dish is thiner. → | 6. 난 더 긴장된다. I am nervouser. → |
| 7. 우리는 더 바쁘다. We are more busy. → | 8. 오늘이 더 따뜻하다. Today is more warm. → | 9. 난 더 피곤해졌다. I got tireder. → |

## 형용사와 부사의 비교급

**1.** '더 ~한', '더 ~하게'와 같은 의미를 갖는 형용사와 부사를                   이라고 해요.

**2.** 형용사나 부사의 원급 뒤에               을 붙이면 비교급이 돼요.

**3.**            의 비교급은 '더 ~한',              의 비교급은 '더 ~하게'라는 의미예요.

## 비교급 만드는 방법

**4.** 형용사, 부사의 형태에 따라 -(e)r을 붙이는 방법이 달라요.

| -e로 끝나는 단어 | + -r | | nice - | 더 좋은 |
|---|---|---|---|---|
| [자음 + -y]로 끝나는 단어 | | + -er | pretty - prettier | 더 예쁜 |
| [단모음 + 단자음]으로 끝나는 단어 | | 한 번 더 쓰고 + -er | big - | 더 큰 |

**5.** -ous, -ful, -ing, -(e)d 등으로 끝나는 형용사는 앞에              를 붙여서 비교급을 만들어요.
(예) more interesting 더 재미있는,          careful 더 조심하는

**6.** -ly로 끝나는 부사는 앞에           를 붙여서 비교급을 만들어요.
(예)         slowly 더 천천히, more quietly 더 조용히

_____ / 12 문제

# 형용사와 부사의 비교급 2

○ **more나 -(e)r을 붙이지 않는 비교급에 주의하세요.**

| 원급 | 비교급 |
|---|---|
| good 좋은, 잘하는<br>well 좋게, 잘, 제대로 | better 더 좋은, 더 잘 |
| bad 나쁜, 못하는<br>badly 나쁘게, 심하게 | worse 더 나쁜, 더 나쁘게 |
| many 많은 (셀 수 있는 것)<br>much 많은, 많이 (셀 수 없는 것) | more 더 많은, 더 많이 |
| a little 적은, 적게 (셀 수 없는 것) | less 더 적은, 더 적게 |

◆ 셀 수 있는 것이 적을 때의 비교급: a few 적은, 적게 (셀 수 있는 것) ▷ fewer 더 적은, 더 적게

○ **'덜 ~한' 또는 '덜 ~하게'라고 표현할 때는 단어에 상관없이 less를 앞에 쓰요.**

|  | 더 ~한/하게 (more, -(e)r) | 덜 ~한/하게 (less) |
|---|---|---|
| 형용사 | This is <u>heav</u>ier. 이게 더 무거워.<br>This is more <u>boring</u>. 이게 더 지루해. | This is less <u>heavy</u>. 이게 덜 무거워.<br>This is less <u>boring</u>. 이게 덜 지루해. |
| 부사 | He jumped higher. 그는 더 높이 점프했다.<br>He cried more <u>sadly</u>. 그는 더 슬프게 울었다. | He jumped less <u>high</u>. 그는 덜 높이 점프했다.<br>He cried less <u>sadly</u>. 그는 덜 슬프게 울었다. |

○ **비교급이 있는 문장에는 거의 뒤에 [than + 비교 대상]을 쓰요.**

This is <u>more boring</u> than <u>that</u>. 이것은 저것보다 더 지루해. (형용사 비교급)
They talk <u>more quietly</u> than <u>you</u>. 그들은 너보다 더 조용히 이야기해. (부사 비교급)

## DO GRAMMAR 다음 활동을 하며 문법 규칙을 재미있게 익히세요.

## A 다음 문장의 밑줄 친 부분이 비교급이 될 때 알맞은 것과 연결하세요.

1. 나는 많은 친구들이 있다.  I have <u>many</u> friends. •

2. 적은 양의 우유가 있다.  There is <u>a little</u> milk. •

3. 내가 나쁘게 했다.  I did <u>badly</u>. •

4. 나는 많은 돈을 썼다.  I spent <u>much</u> money. •

5. 넌 잘했다.  You did <u>well</u>. •

6. 그는 좋은 사람이다.  He is a <u>good</u> person. •

7. 그는 조금 잤다.  He slept <u>a little</u>. •

8. 그의 성적은 나빴다.  His grade was <u>bad</u>. •

| | |
|---|---|
| 더 좋은 | better |
| 더 잘 | |
| 더 나쁜 | worse |
| 더 나쁘게 | |
| 더 많은 | more |
| 더 많이 | |
| 더 적은 | less |
| 더 적게 | |

## B 제시된 규칙을 참고하여, 빈칸에 알맞은 말을 쓰세요.

| …보다 더 ~한/하게 ⇒ (more) 형용사/부사(er) than ~ | …보다 덜 ~한/하게 ⇒ less 형용사/부사 than ~ |
|---|---|
| 1. 저것은 이것보다 더 재미있다. (interesting)<br>That is _more interesting than_ this. | 이것은 저것보다 덜 재미있다.<br>This is _less interesting than_ that. |
| 2. 이것은 저것보다 더 작다. (small)<br>This is _____ that. | 저것은 이것보다 덜 작다.<br>That is _____ this. |
| 3. 나는 너보다 더 일찍 일어난다. (early)<br>I get up _____ you. | 너는 나보다 덜 일찍 일어난다.<br>You get up _____ me. |

GRAMMAR 배운 문법을 문제를 통해 확인하세요.

## A 우리말의 밑줄 친 부분에 해당하는 형용사나 부사의 비교급을 고르세요.

| | better | worse | more | less |
|---|---|---|---|---|
| 1. 그는 나보다 <u>더 잘</u>했다. | V | | | |
| 2. 그는 나보다 <u>더 적게</u> 먹었다. | | | | |
| 3. 그의 물이 <u>더 많</u>다. | | | | |
| 4. 그는 나보다 <u>더 많은</u> 친구를 가졌다. | | | | |
| 5. 그녀의 성적은 <u>더 나빠</u>졌다. | | | | |
| 6. 이것이 <u>더 좋은</u> 그림이다. | | | | |
| 7. 날씨가 어제보다 <u>더 안 좋</u>다. | | | | |
| 8. 그는 지난번보다 <u>더 적은</u> 돈을 받았다. | | | | |

## B 우리말에 맞게 영어 문장에서 틀린 부분을 찾아 고쳐 쓰세요.

1. 그것은 저것보다 덜 위험하다.   It is (more) dangerous than that. ➡ less

2. 내 것이 네 것보다 덜 높다.   Mine is less higher than yours. ➡

3. 그가 덜 친절하게 말한다.   He talks more kindly. ➡

4. 난 너보다 덜 뚱뚱하다.   I am more fatter than you. ➡

5. 나는 언니보다 덜 똑똑하다.   I am less smart to my sister. ➡

6. 오늘은 어제보다 덜 덥다.   Today is less hotter than yesterday. ➡

- 129 -

## A 다음 형용사나 부사의 비교급을 쓰세요.

| | 형용사/부사 원급 | | 비교급 | | | 형용사/부사 원급 | | 비교급 |
|---|---|---|---|---|---|---|---|---|
| 1. | nice | 멋진 | | 더 멋진 | 9. | noisy | 시끄러운 | 더 시끄러운 |
| 2. | good | 좋은 | | 더 좋은 | 10. | boring | 지루한 | 덜 지루한 |
| 3. | big | 큰 | | 더 큰 | 11. | a little | 적은 | 더 적은 |
| 4. | busy | 바쁜 | | 덜 바쁜 | 12. | easily | 쉽게 | 더 쉽게 |
| 5. | beautiful | 아름다운 | | 더 아름다운 | 13. | cold | 추운 | 덜 추운 |
| 6. | bad | 나쁜 | | 더 나쁜 | 14. | handsome | 잘생긴 | 더 잘생긴 |
| 7. | difficultly | 어렵게 | | 덜 어렵게 | 15. | cute | 귀여운 | 더 귀여운 |
| 8. | many | 많은 | | 더 많은 | 16. | lovely | 사랑스러운 | 덜 사랑스러운 |

## B 우리말을 보고, 알맞은 비교급을 고르세요.

1. 이 가방이 <u>더 값이 싸</u>. ● ─ ● This bag is ( more cheap / cheaper ).

2. 이것이 <u>더 재미있어</u>. ● ─ ● This is ( more interesting / interestinger ).

3. 그가 <u>덜 열심히</u> 공부해. ● ─ ● He studies ( less hard / harder ).

4. 저 산이 <u>더 낮아요</u>. ● ─ ● That mountain is ( more low / lower ).

5. 이 영화가 <u>덜 지루해</u>. ● ─ ● This movie is ( more boring / less boring ).

6. 그 버스가 <u>더 길어요</u>. ● ─ ● The bus is ( more longer / longer ).

## A 우리말의 밑줄 친 의미가 되도록 주어진 말을 알맞은 형태로 쓰세요.

1. 이것이 <u>더 낫</u>다.　　This is ___better___ .　← good

2. 이 신발이 <u>더 안 좋</u>다.　These shoes are _____ .　← bad

3. <u>더 많은</u> 사람들이 필요하다.　We need _____ people.　← many

4. 그는 나보다 <u>더 많이</u> 잔다.　He sleeps _____ than me.　← much

5. 나는 <u>더 적은</u> 돈을 가졌다.　I have _____ money.　← a little

6. 그의 상태는 <u>더 나빠졌</u>다.　His condition got _____ .　← bad

7. 그는 이번에 <u>더 잘</u>했다.　He did _____ this time.　← well

8. 그는 이번에 <u>더 못</u>했다.　He did _____ this time.　← badly

## B 우리말에 맞게 영어 문장에서 틀린 부분을 찾아 고쳐 쓰세요.

1. 그것은 저것보다 덜 지루하다.　It is (boring less) than that.　➡ ___less boring___

2. 이 주스는 저것보다 덜 달다.　This juice is sweeter than that.　➡ _____

3. 이 음식은 저것보다 덜 짜다.　This food is less salty then that.　➡ _____

4. 이 차가 그의 것보다 더 비싸다.　This car is expensiver than his.　➡ _____

5. 네 양말이 내 것보다 덜 더럽다.　Your socks are dirtier than mine.　➡ _____

6. 내 두통이 지난주보다 더 안 좋아지고 있다.　My headache is getting bad than last week.　➡ _____

7. 우리가 너보다 더 늦게 일어났다.　We woke up less late than you.　➡ _____

## 형용사와 부사의 비교급

**1.** 형용사나 부사의 원급 뒤에 ⬚(e)r 을 붙이면 비교급이 돼요.

**2.** 형용사의 비교급은 '⬚'이라는 의미, 부사의 비교급은 '⬚'라는 의미예요.

## 비교급 만드는 방법

**3.** 형용사, 부사의 형태에 따라 -(e)r을 붙이는 방법이 달라요.

| -e로 끝나는 단어 | + -r |
|---|---|
| [자음 + -y]로 끝나는 단어 | + -er |
| [단모음 + 단자음]으로 끝나는 단어 | 한 번 더 쓰고 + -er |

**4.** -ous, -ful, -ing, -(e)d 등으로 끝나는 형용사는 앞에 ⬚를 붙여서 비교급을 만들어요.

**5.** -ly로 끝나는 부사는 앞에 ⬚를 붙여서 비교급을 만들어요.

**6.** -(e)r, more를 쓰지 않고 형태가 완전히 달라지는 비교급은 다음과 같아요.

| good / well ⮕ | | many / much ⮕ | |
|---|---|---|---|
| bad / badly ⮕ | | a little ⮕ | |

**7.** '덜 ~한/하게'라는 의미는 형용사나 부사 원급 앞에 ⬚를 써서 나타내요.

**8.** 비교급 뒤에는 거의 [ ⬚ + 비교 대상]을 써요.

_____ / 13 문제

# CHAPTER

## 누적 복습 CHAPTER 1~6에서 배운 문장을 변형하며 복습하세요.

## \<SET 01>

**❶** 그녀가 나보다 <u>더 키가 커</u>(tall).

➡ She is _____ _____ me.

형용사
비교급

**❷** 난 <u>그녀보다</u> <u>더 강해</u>(strong).

➡ I am _____ _____ .

대명사
형용사
비교급

**❸** 그는 <u>우리보다</u> <u>더 피곤해</u>(tired).

➡ He is _____ .

대명사
형용사
비교급

**❹** 그는 일을 <u>너무</u>(too) 많이 해.

➡ He works _____ _____ .

부사

## \<SET 02>

**❶** 그는 <u>많은 연필들</u>(pencil)을 가지고 있어.

➡ He has _____ _____ .

명사
형용사

**❷** 나는 <u>그보다</u> <u>더 많은 연필들</u>을 가지고 있어.

➡ I have _____ _____ _____ .

대명사
형용사
비교급

**❸** <u>이것들이</u> <u>그의 것보다</u> <u>더 좋아</u>(good).

➡ _____ are _____ .

대명사
형용사
비교급

**❹** <u>나의 것들은</u> <u>저것들보다</u> <u>덜 오래되</u>(old)었어.

➡ _____ are _____ .

대명사
형용사
비교급

# \<SET 03\>

**❶** 그들은 주로 빠르게(fast) 말해.

→ They ............................ talk ............................ .

**❷** 너는 그들보다 더 빠르게 말해.

→ You talk ............................ ............................ ............................ .

**❸** 그들은 항상 점잖게(gently) 말해.

→ They ............................ talk ............................ .

**❹** 너는 절대 그들보다 더 점잖게 말하지 않아.

→ You ............................ talk ............................ ............................ ............................ them.


# \<SET 04\>

**❶** 나는 조금(some) 더 많은 음식(food)을 원해.

→ I want ............................ ............................ ............................ .

**❷** 너는 더 적게 먹어야 해.

→ You should eat ............................ .

**❸** 난 가끔 몇 개의 쿠키(cookie)를 먹어.

→ I ............................ have ............................ ............................ .

**❹** 넌 언제나 더 천천히(slow) 먹어야 해.

→ You should ............................ eat ............................ ............................ .

# CHAPTER 07 전치사

○ **위치 전치사는 사물/사람이 전치사 뒤의 명사를 기준으로 어디 있는지 알려 줘요.**

↳ '전치사'란 '앞에 위치하는 말'이라는 의미예요.

⇨ 우리말에서 전치사와 명사의 관계를 확인하세요.

① 그것은 탁자 위에 앉았다.
   명사  위치 전치사

② 그것은 탁자 아래에 앉았다.
   명사  위치 전치사

○ **'~에'라는 의미의 위치 전치사 in, on, at을 알아 두세요.**

| in | 공간 안에 있는 것 (방, 건물) | The cat is in <u>the box</u>. 그 고양이는 상자 안에 있다.<br>He studies in <u>his room</u>. 그는 그의 방 안에서 공부한다. |
| --- | --- | --- |
| on | 면에 붙어 있는 것 (바닥, 벽, 천장, 도로) | The cup is on <u>the table</u>. 그 컵은 탁자 위에 있다.<br>He put a card on <u>the wall</u>. 그는 벽에 카드를 붙였다.<br>There is a spider on <u>the ceiling</u>. 천장에 거미가 있다. |
| at | '안'이나 '위'가 아닌 것 | He is at <u>the door</u>. 그는 문에 있다.<br>I will wait at <u>the bus stop</u>. 내가 그 버스 정류장에서 기다릴게. |
| | 굳이 '안'이 아니라, 그냥 '~에(서)'라고 말할 때 | She stays at <u>a hotel</u>. 그녀는 호텔에 머문다.<br>Let's meet at <u>the cafe</u>. 그 카페에서 만나자. |

○ **명사를 기준으로 '앞에, 뒤에, 옆에, 아래에' 등을 표현하는 전치사를 알아 두세요.**

| behind | 뒤에 | behind <u>the table</u> 탁자 뒤에 |
| --- | --- | --- |
| in front of | 앞에 | in front of <u>the table</u> 탁자 앞에 |
| next to | 옆에 | next to <u>the table</u> 탁자 옆에 |
| under | 아래에 | under <u>the table</u> 탁자 아래에 |
| between | 사이에 | between <u>the table</u> and <u>the sofa</u> 탁자와 소파 사이에 |

# GRAMMAR 다음 활동을 하며 문법 규칙을 재미있게 익히세요.

## A 우리말의 밑줄 친 부분에 해당하는 위치 전치사와 연결하세요.

| 1. 차<u>에서</u> 잤다. | 2. 바닥<u>에서</u> 잤다. | 3. 탁자<u>에서</u> 기다리세요. | 4. 침대<u>에</u> 앉았다. |

| ❶ 바닥, 벽, 도로, 천장 등<br>면 위에 있는 경우<br>➡ on '~(위)에(서)' | ❷ 방, 건물 등<br>공간 안에 있는 경우<br>➡ in '~(안)에(서)' | ❸ 공간이나 면이 없거나,<br>그냥 '~에서'라고 하는 경우<br>➡ at '~에(서)' |

| 5. 극장 <u>안에</u> 사람이 없다. | 6. 도로<u>에</u> 차들이 많다. | 7. 천장<u>에</u> 그림을 그렸다. | 8. 기둥<u>에</u> 서 있었다. |

## B 제시된 그림을 참고하여, 우리말의 밑줄 친 부분에 해당하는 위치 전치사를 쓰세요.

1. 그건 너의 <u>뒤에</u> 있어.  ➡ _____

2. 내 <u>앞에</u> 앉지 마.  ➡ _____

3. 그건 책들 <u>사이에</u> 둬.  ➡ _____

4. 그의 <u>옆에</u> 서 있어.  ➡ _____

5. 커튼 <u>뒤에</u> 숨겨.  ➡ _____

6. 소파들 <u>사이에</u> 놔.  ➡ _____

7. 은행 <u>앞에서</u> 만나.  ➡ _____

8. 침대 <u>아래에</u> 봤어?  ➡ _____

behind
~ 뒤에

next to
~ 옆에

between
~ 사이에

in front of
~ 앞에

under
~ 아래에

## CHECK GRAMMAR 배운 문법을 문제를 통해 확인하세요.

### A 우리말에서 전치사를 찾아 밑줄 치고, 그에 해당하는 전치사를 고르세요.

1. 우리는 벽에 사진들을 걸었다.    We put pictures [ on ] [ in ] [ at ] the wall.

2. 우체통에서 만납시다.    Let's meet [ on ] [ in ] [ at ] the post box.

3. 대문에서 기다리세요.    Wait [ on ] [ in ] [ at ] the gate.

4. 저건 가방에 넣어.    Put that [ on ] [ in ] [ at ] the bag.

5. 그녀는 그 버스 정류장에 있었어.    She was [ on ] [ in ] [ at ] the bus stop.

6. 그들이 그 벤치에 앉았어요.    They sat [ on ] [ in ] [ at ] the bench.

7. 그 빵집은 그 쇼핑몰 안에 있어요.    The bakery is [ on ] [ in ] [ at ] the mall.

### B 우리말을 보고, 빈칸에 알맞은 전치사를 아래 [보기]에서 찾아 쓰세요.

1. 넌 내 뒤에 서도 돼.    You can stand [ behind ] me.

2. 그건 그 나무들 사이에 있어요.    It is [　　　　] the trees.

3. 그것 옆에 문이 있어요.    There is a door [　　　　] it.

4. 사무실 앞에서 기다릴게.    I will wait [　　　　] the office.

5. 책상 밑에 뒤져봐.    Search [　　　　] the desk.

6. 이것들 사이에 차이가 있어.    There is a difference [　　　　] these.

7. 그 그림 뒤에 확인해 봐.    Check [　　　　] the painting.

[보기]    in front of    next to    behind    under    between

- 138 -

## 전치사의 개념

**1.** 전치사 는 '앞에 위치하는 말'이라는 뜻이에요.
(예) in <u>the box</u> 상자 안에

## 위치 전치사

**2.** _____ 전치사는 명사를 기준으로 사람/사물이 어디에 위치해 있는지 알려 주는 말이에요.

**3.** '~에'라는 의미의 전치사 _____ 은 '공간 안에 있는 것(방, 건물)'을 표현할 때 쓰고,
(예) _____ the room 방 안에

**4.** '~에'라는 의미의 전치사 _____ 은 '면에 붙어 있는 것(바닥, 벽, 천장, 도로)'을 표현할 때 쓰고,
(예) _____ the table 탁자 위에

**5.** '~에'라는 의미의 전치사 _____ 은 '안'이나 '위'가 아닐 때, 그냥 '~에'를 표현할 때 써요.
(예) _____ the bus stop 버스 정류장에

**6.** 명사를 기준으로 '앞, 뒤, 옆, 아래, 사이에' 등을 표현하는 전치사는 아래와 같아요.

|  | ~ 뒤에 |
|---|---|
| in front of | ~ |
|  | ~ 옆에 |
|  | ~ 아래에 |
| between | ~ |

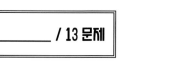 / 13 문제

# 시간 전치사

## GRAMMAR 다음 문법 규칙들을 3회 이상 소리 내어 읽으세요.  ☐1 ☐2 ☐3

**◑ '5시, 금요일, 1월'과 같은 시간 명사들은 그 종류에 따라 다른 시간 전치사를 써요.**

⇨ 우리말에서 시간 명사와 시간 전치사의 관계를 확인하세요.

① 5시 에 만납시다.
　명사 시간 전치사

② 그는 금요일 에 떠났다.
　　　　　명사　시간 전치사'

**◑ '~에'라는 의미의 시간 전치사 in, on, at을 알아 두세요.**

| in | 기간이 있는 시간<br>(1월, 아침, 2020년) | Let's meet in <u>January</u>. 1월에 만납시다.<br>I will visit you in <u>the morning</u>. 아침에 방문할게.<br>He left in <u>2020</u>. 그는 2020년에 떠났어요. |
|---|---|---|
| on | 날짜, 요일<br>(금요일, 16일, 생일, 추석) | Let's meet on <u>Friday</u>. 금요일에 만납시다.<br>I will visit you on <u>your birthday</u>. 네 생일에 방문할게.<br>He left on <u>Christmas</u>. 그는 성탄절에 떠났어요. |
| at | 정확한 시각<br>(5시, 5시 30분, 정오) | Let's meet at <u>5 o'clock</u>. 5시 정각에 만납시다.<br>I will visit you at <u>2:30</u>. 2시 30분에 방문할게.<br>He left at <u>noon</u>. 그는 정오에 떠났어요. *정오: 낮 12시 |

◆ at은 날카로운 것으로 콕 찍는 느낌으로, 정확한 시각이나 하루의 특정한 때 앞에 써요.
　at seven 7시에　　at night 밤에

**◑ '~ 동안'이라는 의미의 시간 전치사 for와 during을 알아 두세요.**

| for | 구체적인 시간[기간] 동안 | for 3 hours 3시간 동안 | for 3 years 3년 동안 |
|---|---|---|---|
| during | 특정 행사, 일, 기간 동안 | during the class 수업 동안 | during the trip 여행 동안 |

# GRAMMAR 다음 활동을 하며 문법 규칙을 재미있게 익히세요.

## A 우리말의 밑줄 친 부분에 해당하는 시간 전치사에 연결하세요.

1. <u>12시에</u> 만나자.

2. 그 행사는 <u>9월에</u> 열려요.

3. <u>25일에</u> 이사 가요.

4. <u>어버이날에</u> 카드를 드렸어.

5. <u>2018년에</u> 시작했어.

6. <u>오후에</u> 손님이 오실 거야.

7. <u>1시 15분에</u> 나와.

8. <u>휴일에</u> 거기 가자.

| on | '금요일, 16일, 생일, 추석' 등 날을 나타내는 시간 명사 앞에 |

| in | '1월, 아침, 2020년' 등 기간이 있는 시간 명사 앞에 |

| at | '5시, 5시 반' 등 시각을 나타내는 시간 명사 앞 |

## B 우리말의 밑줄 친 부분에 해당하는 시간 전치사에 체크하세요.

| | '몇 시간 동안, 며칠 동안' 등 구체적 시간의 길이 앞 ➡ for | '수업 동안, 회의 동안' 등 특정 일, 기간 앞 ➡ during |
|---|---|---|
| 1. 방학 <u>동안</u> 뭐 할 거야? | | V |
| 2. 한 달 <u>동안</u> 집에 있을 거야. | | |
| 3. 회의 <u>동안</u> 아이디어를 내세요. | | |
| 4. 몇 시간 <u>동안</u> 여기 있자. | | |
| 5. 몇 분 <u>동안</u> 기다렸어. | | |
| 6. 시험 <u>동안</u> 조용히 하세요. | | |

## A 우리말에서 전치사를 찾아 밑줄 치고, 그에 해당하는 전치사를 고르세요.

1. 3시 정각에 점심을 먹었어.
➡ I had lunch ( on / in / **at** ) 3 o'clock.

2. 난 크리스마스에 일해야 해.
➡ I have to work ( **on** / in / at ) Christmas.

3. 저녁에 한가해요.
➡ I am free ( on / **in** / at ) the evening.

4. 밤에 문을 닫으세요.
➡ Close the door ( on / in / **at** ) night.

5. 내 생일은 3월에 있어.
➡ My birthday is ( on / **in** / at ) March.

6. 나는 2020년에 이사했어요.
➡ I moved ( on / **in** / at ) 2020.

7. 그 경기는 정오에 시작해요.
➡ The game starts ( on / in / **at** ) noon.

8. 월요일에 뭐 해?
➡ What do you do ( **on** / in / at ) Monday?

## B 우리말을 보고, 주어진 시간 전치사 중 알맞은 것을 넣어 문장을 완성하세요.

'(특정 기간, 행사, 일 등의 이름) 동안' ➡ **during**

'(구체적인 시간의 길이) 동안' ➡ **for**

1. 30분 동안 연습했어요.
➡ I practiced _____ 30 minutes.

2. 이번 휴가 동안 여기 있어.
➡ Stay here _____ this holiday.

3. 낮 동안 시간이 없어요.
➡ I don't have time _____ the day.

4. 그는 몇 초간 멈췄어요.
➡ He stopped _____ a few seconds.

5. 겨울 동안 그걸 밖에 보관하세요.
➡ Keep it outside _____ the winter.

## A 우리말을 보고, 주어진 전치사 중 알맞은 것을 넣어 문장을 완성하세요.

| on | in | at |
|---|---|---|

1. 침대에서 놀자. → Let's play _____on_____ the bed.

2. 화요일에 만나자. → Let's meet _____ Tuesday.

3. 버스 정류장에서 그를 봤어요. → I saw him _____ the bus stop.

4. 그 수업은 11시에 시작해. → The class begins _____ 11 o'clock.

5. 바닥에서 공부하지 마. → Don't study _____ the floor.

6. 오후에 같이 공부하자. → Let's study together _____ the afternoon.

7. 그 가게는 휴일에 문을 닫아. → The store closes _____ holidays.

## B 우리말에 맞게 영어 문장에서 틀린 부분을 찾아 고쳐 쓰세요.

1. 학교 앞에 차들이 있어. There are cars (at) the school. → in front of

2. 여행 동안 조심하세요. Be careful for the trip. →

3. 그 사람 옆에 앉으세요. Sit at the person. →

4. 연설 동안 물을 마시지 마. Don't drink water in the speech. →

5. 내 차 뒤에 트럭이 있어요. There is a truck under my car. →

6. 건물들 사이에 벤치가 있어. There is a bench in the buildings. →

7. 1시간 동안 쉬어. Take a break in one hour. →

## 위치 전치사

**1.** _____ 전치사는 명사를 기준으로 사람/사물이 어디에 위치해 있는지 알려 주는 말이에요.

**2.** 위치 전치사 in은 '공간 _____ 에 있는 것(방, 건물)'을 표현할 때 쓰고,

**3.** on은 '_____ 에 붙어 있는 것(바닥, 벽, 천장, 도로)'을 표현할 때 쓰고,

**4.** _____ 은 '안'이나 '위'가 아닐 때, 그냥 '~에'를 표현할 때 써요.

**5.** 명사를 기준으로 '~ 뒤에'는 _____, '~ 앞에'는 _____ 를 쓰고,

**6.** '~ 옆에'는 _____, '~ 아래에'는 _____, '~ 사이에'는 _____ 을 써요.


## 시간 전치사

**7.** _____ 전치사는 '5시, 금요일, 1월' 같은 시간 명사 앞에 붙이는 말이에요.

**8.** '~에'라는 의미의 시간 전치사 _____ 은 '기간이 있는 시간(1월, 아침, 2020년)' 앞에 쓰고,

**9.** '~에'라는 의미의 시간 전치사 _____ 은 '날짜, 요일(금요일, 15일, 생일)' 앞에 쓰고,

**10.** '~에'라는 의미의 시간 전치사 _____ 은 '정확한 시각(5시, 5시 30분, 정오)' 앞에 써요.

**11.** '~ 동안'이라는 의미의 시간 전치사 _____ 는 '구체적인 시간/기간' 앞에 쓰고,

**12.** '~ 동안'이라는 의미의 시간 전치사 _____ 은 '특정 행사, 일, 기간' 앞에 써요.

_____ / 15 문제

○ **방향 전치사는 뒤에 있는 명사로부터 어느 방향인지를 알려 줘요.**

⇨ 우리말에서 방향 전치사를 찾아보세요.
① 나는 그 가게로 간다. ② 나는 그 가게에서부터 걸었어.

○ **'~로, ~까지'는 전치사 to를, '~으로부터'는 전치사 from을 써요.**

| | | |
|---|---|---|
| to | 이동하는 방향(~로) | I am going to <u>the store</u>. 나는 그 가게로 가는 중이야.<br>Turn to <u>the left</u>. 왼쪽으로 돌아. |
| | 도착점(~까지) | Run to <u>the river</u>. 강까지 뛰어. |
| from | 출발 장소/<br>출신지로부터 | He came back from <u>his office</u>. 그는 그의 사무실로부터 돌아왔다.<br>He is from <u>Italy</u>. 그는 이탈리아로부터 왔다. (이탈리아 출신이다)<br>The card was from <u>Tom</u>. 그 카드는 탐에게서 왔다. (탐이 편지를 보냈다) |

○ **안으로 들어가고 나갈 때, 위/아래 방향을 나타낼 때 쓰는 전치사를 알아 두세요.**

| | | |
|---|---|---|
| into | ~ 안으로 (들어가는) | He walked into <u>the room</u>. 그는 그 방으로 걸어 들어갔다. |
| out of | ~ 밖으로 (나가는) | He walked out of <u>the room</u>. 그는 그 방에서 걸어 나갔다. |
| up | 위로 (올라가는) | He walked up <u>the stairs</u>. 그는 그 계단 위로 걸어 올라갔다. |
| down | 아래로 (내려가는) | He walked down <u>the stairs</u>. 그는 그 계단 아래로 걸어 내려갔다. |

# DO GRAMMAR 다음 활동을 하며 문법 규칙을 재미있게 익히세요.

## A 우리말의 밑줄 친 부분에 해당하는 방향 전치사에 연결하세요.

1. 그는 언덕 <u>위로</u> 뛰어갔다.　·

2. 그 집<u>까지</u> 걸어가자.　·

3. 개미가 구멍<u>으로</u> 들어갔다.　·

4. 그 메시지는 은행<u>에서</u> 왔어.　·

5. 사람들이 극장 <u>밖으로</u> 나왔다.　·

6. 난 빵집<u>에</u> 가는 중이야.　·

7. 그녀는 프랑스<u>에서</u> 왔어.　·

8. 뱀이 산 <u>아래로</u> 기어갔다.　·

9. 그들은 산<u>으로</u> 올라갔어.　·

· to ➡ '~로, ~에, ~까지'

· from ➡ '~로부터, ~에게서'

· into ➡ '~ 안으로'

· out of ➡ '~ 밖으로'

· up ➡ '~ 위로'

· down ➡ '~ 아래로'

## B A의 그림을 참고하여, 우리말의 밑줄 친 부분에 해당하는 방향 전치사를 쓰세요.

1. 계단 <u>아래로</u>

| down | the stairs |
|---|---|

2. <u>거기서</u>부터

|  | there |
|---|---|

3. <u>은행에</u>

|  | the bank |
|---|---|

4. 그 차 <u>밖으로</u>

|  | the car |
|---|---|

5. 텐트 <u>속으로</u>

|  | the tent |
|---|---|

6. 지붕 <u>위로</u>

|  | the roof |
|---|---|

7. 한국<u>으로부터</u>

|  | Korea |
|---|---|

8. 현관<u>까지</u>

|  | the gate |
|---|---|

9. 길 <u>아래로</u>

|  | the street |
|---|---|

## A 우리말을 보고, 알맞은 전치사를 고르세요.

1. 그는 그 가게로 뛰어 들어갔어요. ➡ He ran ( to / from / into / out of ) the store.

2. 그는 그 가게로 뛰어갔어요. ➡ He ran ( to / from / into / out of ) the store.

3. 나는 그 집에서부터 걸었어. ➡ I walked ( to / from / into / out of ) the house.

4. 나는 그 집에서 걸어 나왔어. ➡ I walked ( to / from / into / out of ) the house.

5. 조는 사무실에서 왔어. ➡ Joe came ( to / from / into / out of ) the office.

6. 조는 사무실에서 나왔어. ➡ Joe came ( to / from / into / out of ) the office.

7. 네 방으로 가. ➡ Go ( to / from / into / out of ) your room.

8. 네 방 안으로 들어가. ➡ Go ( to / from / into / out of ) your room.

## B 우리말을 보고, 주어진 전치사 중 알맞은 것을 골라 쓰세요.

| up | down | into | from | to | out of |

1. 그 공은 언덕 아래로 굴러 내려갔다. ● ● The ball rolled ___down___ the hill.

2. 그는 그 방 밖으로 뛰어 나갔다. ● ● He ran _____ the room.

3. 그 소녀는 계단을 올랐다. ● ● The girl climbed _____ the steps.

4. 그들은 캐나다 출신이에요. ● ● They are _____ Canada.

5. 그녀는 물속으로 다이빙해 들어갔다. ● ● She dived _____ the water.

6. 난 매일 시장에 간다. ● ● I go _____ the market every day.

## A 우리말을 보고, 아래 [보기]에서 알맞은 전치사를 골라 쓰세요.

1. 그 신호등에서 우회전하세요.　　Turn right _____ the traffic light.

2. 그 동굴 안으로 들어가지 마.　　Don't go _____ the cave.

3. 그들은 그 건물 밖으로 나갔어요.　　They went _____ the building.

4. 그 의자 아래에 강아지가 있어요.　　There is a puppy _____ the chair.

5. 그 나무 위로 올라가자.　　Let's climb _____ the tree.

6. 호텔 안에 계세요.　　Please stay _____ the hotel.

7. 그 가게는 중앙 거리에 있어요.　　The store is _____ Main Street.

[보기]　 in ┊ on ┊ at ┊ to ┊ up ┊ into ┊ from ┊ under ┊ out of

## B 우리말에 맞게 영어 문장에서 틀린 부분을 찾아 고쳐 쓰세요.

| 1. 벽에 구멍이 있어요. | 2. 그것은 나의 집 옆에 있어. | 3. 난 그날 바빠. |
|---|---|---|
| There is a hole in the wall. | It is behind my house. | I am busy at that day. |
| ➡ on | ➡ | ➡ |

| 4. 네 자전거는 그 빵집 앞에 있어. | 5. 3분 동안 눈을 감으세요. | 6. 저걸 내 뒤에 놓지 마. |
|---|---|---|
| Your bike is next to the bakery. | Close your eyes during 3 minutes. | Don't put that in front of me. |
| ➡ | ➡ | ➡ |

## 위치 전치사

**1.** 뒤의 명사를 기준으로 어디에 있는지 말해 주는 위치 전치사는 아래와 같아요.

|  | on |  | in front of | behind |  |  | between |
|---|---|---|---|---|---|---|---|
| 공간 안에 있는 | 면에 붙어 있는 | 그냥 '~에' | ~ 앞에 | ~ 뒤에 | ~ 옆에 | ~ 아래에 | ~ 사이에 |

## 시간 전치사

**2.** 뒤의 시간 명사에 따라 시간 전치사는 다르게 써요.

|  | on | at |  | during |
|---|---|---|---|---|
| 기간이 있는 시간 | 날짜, 요일 | 정확한 시각 | 구체적인 시간 동안 | 특정 일, 기간 동안 |

## 방향 전치사

**3.**          전치사는 뒤에 있는 명사를 기준으로 어느 방향인지 말해 줘요.

**4.** 방향 전치사           는 '이동하는 방향(~로)'이나 '도착점(~까지)'을 표현할 때 쓰고,

**5.** 방향 전치사           은 '출발 장소[출신지]로부터'를 표현할 때 써요.

**6.** '~ 안으로 (들어가는)'는 방향 전치사         , '~ 밖으로 (나가는)'는         ,

**7.** '위로 (올라가는)'는         , '~ 아래로 (내려가는)'는         을 써요.

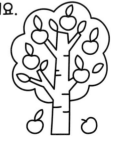

_____ / 13 문제

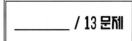

**SPEAK** **GRAMMAR** 다음 문법 규칙들을 3회 이상 소리 내어 읽으세요.   1 2 3

---

○ **뒤에 쓰는 명사, 대명사'에 대해서'라고 할 때는 전치사 about을 써요.**

Tell me about your work. 당신의 일에 대해서 이야기해 주세요.
The movie was about a virus. 그 영화는 바이러스에 관한 거야.

○ **뒤의 명사, 대명사'와 함께' 또는 그것'을 가지고'라고 할 때 전치사 with를 써요.**
  ↳ with는 '~을 가지고'라는 뜻이고, without은 '~ 없이'라는 뜻이에요.

| with | ~와 함께,<br>~을 가지고 | Eat this with <u>the soup</u>. 수프와 함께 이걸 드세요.<br>Eat this with <u>chopsticks</u>. 젓가락을 가지고(젓가락으로) 이걸 드세요. |
| --- | --- | --- |
| without | ~ 없이,<br>~을 가지지 않고 | They all left without <u>me</u>. 나 없이 그들 모두 떠났어요.<br>You can't go in without <u>an ID card</u>. 신분증 없이 들어갈 수 없어. |

○ **뒤의 명사, 대명사'를 위하여'라고 할 때는 전치사 for를 써요.**
  ↳ 전치사는 보통 여러 가지 의미를 가지고 있는데, for는 '~ 동안'이란 뜻도 있고 '~에 대해(이유)'라는 의미도 있어요.

I brought a book for <u>you</u>. 너를 위해 책 한 권을 가져왔어.
This box is for <u>my dad</u>. 이 상자는 나의 아빠를 위한 거예요.
He stayed here for <u>3 days</u>. 그는 여기에 3일 동안 있었어요. (*for: 기간 동안)

○ **뒤의 명사'의'와 같이 명사의 소유를 나타낼 때는 전치사 of를 써요.**

The color of <u>the flower</u> is white. 그 꽃의 색은 하얀색이다.
I don't know the size of <u>the room</u>. 나는 그 방의 크기를 몰라요.

## A  우리말의 밑줄 친 부분에 해당하는 전치사를 골라 그 번호를 쓰세요.

| ① about<br>~에 대해,<br>~에 관하여 | ② with<br>~와 함께,<br>~을 가지고 | ③ without<br>~없이,<br>~을 가지지 않고 | ④ for<br>~을 위하여 | ⑤ of<br>~의 |
| --- | --- | --- | --- | --- |

1. 그 기사의 제목이 뭐야?  [ 5 ]

2. 그 영화 나랑 보자.  [ ]

3. 돈도 없이 가게에 갔어.  [ ]

4. 그것에 대해 생각해 봤어.  [ ]

5. 저거랑 같이 이게 왔어.  [ ]

6. 나 없이 거기 가지 마.  [ ]

7. 이건 엄마를 위해 준비한 거야.  [ ]

8. 그 옷의 가격은 비밀이야.  [ ]

9. 그 일에 대해 말해 줄 수 있어?  [ ]

10. 연필 없이 쓸 수가 없어.  [ ]

## B  A의 전치사를 참고하여, 빈칸에 알맞은 전치사를 쓰세요.

1. 널 위해 이걸 가져왔어.

   I brought this ___for___ you.

2. 그 회사(의) 이름이 뭐야?

   What's the name _____ the company?

3. 이 칼로(가지고) 잘라 봐.

   Cut it _____ this knife.

4. 그는 우산 없이 나갔어.

   He went out _____ an umbrella.

5. 그 숙제에 대해 말해봐.

   Tell me _____ the homework.

6. 그 개랑 여기 있어.

   Stay here _____ the dog.

7. 생각 없이 말했어.

   I spoke _____ thinking.

8. 이건 그를 위해 남겨 두자.

   Let's leave this _____ him.

# CHECK GRAMMAR 배운 문법을 문제를 통해 확인하세요.

## A 우리말의 밑줄 친 부분에 해당하는 전치사를 고르세요.

1. 생각 없이 그걸 열어.      ➡ Open it ( with / without / about / for ) thinking.

2. 그는 그녀와 같이 왔어.      ➡ He came ( with / without / about / for ) her.

3. 난 그에 관해 모든 걸 알아.   ➡ I know everything ( with / without / about / for ) him.

4. 이 붓으로 그걸 그려 봐.     ➡ Draw it ( with / without / about / for ) this brush.

5. 이것에 대해 질문이 있어.   ➡ I have a question ( with / of / about / for ) this.

6. 그 셔츠의 색을 확인해.    ➡ Check the color ( with / of / about / for ) the shirt.

7. 노크 없이 들어오지 마.    ➡ Don't come in ( with / without / about / for ) knocking.

## B 우리말을 보고, 주어진 전치사 중 알맞은 것을 골라 쓰세요.

| with | without | about | of | for |
| --- | --- | --- | --- | --- |

1. 모두를 위해 이걸 샀어.      ➡ I bought this _____ everyone.

2. 그 동물의 이름이 뭐지?      What's the name _____ the animal?

3. 내게 네 자신에 대해 말해 줘.   Tell me _____ yourself.

4. 그 건물의 크기를 재 봐.     Measure the size _____ the building.

5. 저를 위해 다시 설명해 주세요.   Explain again _____ me.

6. 수잔은 샌드위치를 가지고 왔어요.  Susan came _____ a sandwich.

7. 아무 문제없이 그걸 했어요.    I did it _____ any problems.

- 152 -

## A 빈칸에 들어갈 알맞은 전치사를 체크하세요.

1. Go _____ the road. 도로 아래로 내려가세요.
2. Save this _____ me. 나를 위해 이걸 아껴 줘.
3. Meet _____ the meetings. 그 회의들 사이에 만나.
4. Let's put it _____ the book. 그 책 위에 그걸 놓자.
5. Tell me _____ your birthday. 네 생일에 대해 말해 봐.
6. Mike went _____ the library. 마이크는 도서관에 갔어.
7. I came back _____ the trip. 난 여행에서 돌아왔어.
8. He got _____ the company. 그는 그 회사에서 나왔어.

| | |
|---|---|
| ☑ down | ☐ under |
| ☐ during | ☐ for |
| ☐ down | ☐ between |
| ☐ on | ☐ with |
| ☐ about | ☐ on |
| ☐ into | ☐ to |
| ☐ from | ☐ out of |
| ☐ out of | ☐ behind |

## B 우리말을 보고, 주어진 전치사 중 알맞은 것을 골라 쓰세요.

| in front of | next to | behind | under | in | at | on |
|---|---|---|---|---|---|---|

1. 마크는 내 옆에 앉았어.
2. 마크는 그 벤치에 앉았어.

> Mark sat _____ me.
> Mark sat _____ the bench.

3. 난 그 간판 아래에 있어.
4. 난 그 간판 앞에 있어.

> I am _____ the sign.
> I am _____ the sign.

5. 우린 벽에 그 사진들을 붙였어.
6. 그 벽 뒤를 봐.

> We put the pictures _____ the wall.
> Look _____ the wall.

## A 우리말을 영어로 옮길 때, 빈칸에 알맞은 전치사와 연결하세요.

**1.** I made this ＿ you.

넌 위해 이걸 만들었어.

**2.** Call ＿ any delay.

어떤 지체도 없이 전화해.

**3.** Don't eat ＿ the class.

수업 동안 먹지 마.

**4.** I'll pick you up ＿ 11.

내가 널 11시에 데리러 갈게.

during

for

with

without

at

**5.** I'll buy a car ＿ it.

난 그것으로 차를 사겠어.

**6.** It was ＿ his health.

그것은 그의 건강을 위한 것이었어.

**7.** Learn it ＿ 3 months.

3개월 동안 그것을 배우세요.

**8.** Leave it ＿ the door.

그걸 문에 놔두세요.

## B 우리말에 맞게 영어 문장에서 틀린 부분을 찾아 고쳐 쓰세요.

1. 학교 앞에 골목이 있어요.    There is an alley at the school. ⇒ in front of

2. 그 쇼는 3시에 시작해요.    The show starts on 3. ⇒

3. 크리스는 미국에서 왔어요.    Chris is out of the U.S. ⇒

4. 5분 동안 밖에 나가 계세요.    Step outside during 5 minutes. ⇒

5. 그는 부엌(안)에 계세요.    He is on the kitchen. ⇒

6. 11월에 시험이 있어요.    The exam is on November. ⇒

7. 그 행사는 토요일에 있어요.    The event is during Saturday. ⇒

## A 우리말을 맞게 빈칸에 알맞은 전치사를 쓰세요.

1. 이 종이에 이름을 쓰세요. → Write your name [ on ] this paper.

2. 나는 그에게 그 책에 대해 물었다. → I asked him [ ] the book.

3. 그 다리 아래 고양이들이 있어요. → There are cats [ ] the bridge.

4. 공연 동안 조용히 하세요. → Be quiet [ ] the show.

5. 마스크 없이 나가지 마세요. → Don't go out [ ] a mask.

6. 그것을 불 속으로 던져. → Throw it [ ] the fire.

7. 눈물이 내 얼굴을 타고 흘러 내렸다. → Tears ran [ ] my face.

8. 그것을 내 옆에 남겨 두지 마. → Don't leave it [ ] me.

## B 우리말에 맞게 영어 문장에서 틀린 부분을 찾아 고쳐 쓰세요.

| | | |
|---|---|---|
| **1.** 그는 그의 삼촌과 살아.<br><br>He lives (for) his uncle.<br>- - - - - - - - - - -<br>→ with | **2.** 그 공을 나에게 던져.<br><br>Throw the ball from me.<br>- - - - - - - - - - -<br>→ | **3.** 그 탁자의 다리들이 약해요.<br><br>The legs for the table are weak.<br>- - - - - - - - - - -<br>→ |
| **4.** 난 일요일에 시간이 있어.<br><br>I have time in Sunday.<br>- - - - - - - - - - -<br>→ | **5.** 내가 거리에서 저걸 주웠어.<br><br>I picked that up in the street.<br>- - - - - - - - - - -<br>→ | **6.** 시험 동안 전화기를 끄세요.<br><br>Turn off your phone for the test.<br>- - - - - - - - - - -<br>→ |

## 전치사의 역할

**1.** 전치사는 명사나 대명사 앞에 쓰는 말로, 뒤에 오는 말을 기준으로 위치, _____, 방향 등을 알려 줘요.

## 전치사의 종류

**2.** 뒤의 명사를 기준으로 어디에 있는지 말해 주는 위치 전치사는 아래와 같아요.

| in | | at | | | next to | | |
|---|---|---|---|---|---|---|---|
| 공간 안에 있는 | 면에 붙어 있는 | 그냥 '~에' | ~ 앞에 | ~ 뒤에 | ~ 옆에 | ~ 아래에 | ~ 사이에 |

**3.** 뒤의 시간 명사에 따라 시간 전치사는 다르게 써요.

| in | | | for | |
|---|---|---|---|---|
| 기간이 있는 시간 | 날짜, 요일 | 정확한 시각 | 구체적인 시간 동안 | 특정 일, 기간 동안 |

**4.** 뒤의 명사를 기준으로 어떤 방향인지를 알려 주는 방향 전치사는 아래와 같아요.

| to | | into | | | down |
|---|---|---|---|---|---|
| ~로, ~까지 | ~으로부터 | ~ 안으로 | ~ 밖으로 | ~ 위로 | ~ 아래로 |

**5.** 그 외의 주요 전치사도 외워 두세요.

| | with | | for | |
|---|---|---|---|---|
| ~에 대해 | ~와 함께, ~을 가지고 | ~ 없이 | ~을 위해 | ~의(소유) |

_____ / 15 문제

- 156 -

# 누적 복습 CHAPTER 1~7에서 배운 문장을 변형하며 복습하세요.

## <SET 01>

**❶** 너의 방(안)에 쿠키(cookie)들이 좀 있니?

➡ Do you have ........................ ........................ ........................ ........................ room?

명사
대명사
전치사

**❷** 그 탁자(table) 위에 더 많은 쿠키가 있어.

➡ There are ........................ cookies ........................ ........................ ........................ .

명사/관사
비교급
전치사

**❸** 그것들은 의 상자(box) 뒤에 있어?

➡ Are they ........................ ?

명사
대명사
전치사

**❹** 그 상자 옆을 살펴봐.

➡ Look ........................ ........................ ........................ ........................ .

명사
관사
전치사


## <SET 02>

**❶** 그 우체국은 2번가(2nd Street)에 있나요?

➡ Is the post office ........................ ........................ ........................ ?

명사
관사
전치사

**❷** 그것은 은행과 도서관 사이에 있어요.

➡ It is ........................ the bank ........................ the library.

전치사

**❸** 그것은 보통 6시에 닫아요.

➡ It ........................ closes ........................ 6.

부사
전치사

**❹** 당신은 시간이 많이 없어요.

➡ You don't have ........................ ........................ .

명사
형용사

# \<SET 03>

**❶** 그들에 대한 정보가 조금 있나요?

→ Do you have ＿＿＿＿＿ information ＿＿＿＿＿ ＿＿＿＿＿ ?

대명사
형용사
전치사

**❷** 그들은 어디로부터 왔나요?

→ Where are ＿＿＿＿＿ ＿＿＿＿＿ ?

대명사
전치사

**❸** 그들은 먼(far) 나라(country)로부터 왔어요.

→ They are ＿＿＿＿＿ ＿＿＿＿＿ ＿＿＿＿＿ ＿＿＿＿＿ .

명사/관사
형용사
전치사

**❹** 나는 그 세미나 동안에 그들을 만났어요.

→ I met ＿＿＿＿＿ ＿＿＿＿＿ the seminar.

대명사
전치사

# \<SET 04>

**❶** 제가 그녀에게 갈 수 있나요?

→ Can I go ＿＿＿＿＿ ＿＿＿＿＿ ?

대명사
전치사

**❷** 그녀는 그 사무실(office) 안으로 들어갔어요.

→ She went ＿＿＿＿＿ ＿＿＿＿＿ ＿＿＿＿＿ .

명사
관사
전치사

**❸** 그녀는 거의 그 사무실 밖으로 나오지 않아요.

→ She ＿＿＿＿＿ gets ＿＿＿＿＿ ＿＿＿＿＿ .

명사/관사
부사
전치사

**❹** 당신은 그 계단들(stair)로 올라 갈 수 있어요.

→ You can go ＿＿＿＿＿ ＿＿＿＿＿ .

명사
관사
전치사

# CHAPTER 08 의문사

# 의문사의 종류

➡ **의문사란 '무엇, 언제, 어디서'와 같이 구체적인 정보를 얻기 위해 쓰는 말이에요.**

⇨ 우리말에서 의문사를 찾아보세요.

① 넌 지금 <u>무엇</u>을 읽고 있니?　　② 희진이가 <u>언제</u> 전화했어?

➡ **여러 종류의 의문사들을 암기하세요.**

| 구체적인 정보 | 의문사 | 뜻 |
|---|---|---|
| 누구인지를 물을 때 | Who | 누구 |
| 사람, 사물의 정체를 물을 때 | What | 무엇 |
| 시간, 날짜, 요일을 물을 때 | When | 언제 |
| 장소를 물을 때 | Where | 어디, 어디(에)서 |
| 방법, 상태를 물을 때 | How | 어떻게, 어떤 |
| 이유를 물을 때 | Why | 왜 |
| 여러 개 중에 고를 때 | Which | 어느 것 |

➡ **의문사로 질문할 때는 의문사를 맨 앞에 쓰고, 그 뒤에 의문문 어순으로 써요.**

| | | |
|---|---|---|
| be동사 문장 | 평서문 | <u>This is</u> a lamp. 이것은 램프입니다. |
| | 의문문 | <u>Is this</u> a lamp? 이것은 램프인가요? |
| | 의문사 의문문 | What <u>is this</u>? 이것은 무엇인가요? |
| 일반동사 문장 | 평서문 | <u>They know</u> me. 그들은 나를 알아요. |
| | 의문문 | <u>Do they know</u> me? 그들은 나를 아나요? |
| | 의문사 의문문 | How <u>do they know</u> me? 그들이 나를 어떻게 알죠? |

## A 우리말의 밑줄 친 부분에 해당하는 의문사에 연결하세요.

1. 지금 <u>무엇을</u> 하고 있나요? •

2. 이것들 중 <u>어느 것이</u> 네 것이야? •

3. 저분은 <u>누구셔</u>? •

4. 네 생일은 <u>언제니</u>? •

5. 여기까지 <u>어떻게</u> 왔어? •

6. 어제 <u>왜</u> 울었어? •

7. 내일 <u>어디서</u> 만날까? •

| Who | 누구인지를 물을 때 |
|---|---|
| What | 정체를 물을 때 |
| When | 시간, 날짜 등을 물을 때 |
| Where | 장소를 물을 때 |
| How | 방법, 상태를 물을 때 |
| Why | 이유를 물을 때 |
| Which | 여러 개 중 고를 때 |

## B A의 표를 참고하여 우리말의 밑줄 친 부분에 해당하는 의문사를 쓰세요.

1. 너 지금 <u>어디</u> 있어? ➡ [ Where ] are you?

2. 시험은 <u>언제야</u>? ➡ [ ] is the exam?

3. 네 할머니는 <u>어떠시니</u>? ➡ [ ] is your grandmother?

4. 넌 어젯밤에 <u>뭘</u> 봤어? ➡ [ ] did you watch last night?

5. <u>어느 것이</u> 내 모자야? ➡ [ ] is my cap?

6. 넌 여기 <u>왜</u> 왔어? ➡ [ ] did you come here?

7. 넌 <u>누구를</u> 원해? ➡ [ ] do you want?

8. 이걸 <u>어떻게</u> 열었어? ➡ [ ] did you open this?

# GRAMMAR 배운 문법을 문제를 통해 확인하세요.

## A 우리말의 밑줄 친 부분에 해당하는 의문사를 고르세요.

| | | | |
|---|---|---|---|
| **1.** 너는 지금 <u>어디</u>에 있니? | When | Where | What | How |
| **2.** 우리 <u>언제</u> 만날까? | Why | Which | When | Who |
| **3.** 진수는 <u>뭘</u> 하는 중이야? | Where | Which | How | What |
| **4.** 저 사람은 <u>누구</u>예요? | When | Who | What | How |
| **5.** 넌 <u>어느 것</u>을 고를 거니? | Why | Which | When | Who |
| **6.** 이건 <u>어떻게</u> 만들었어? | Where | Which | How | What |
| **7.** 쟤는 <u>왜</u> 자고 있지? | When | Where | Why | How |

## B 우리말에 맞게 틀린 부분을 고쳐서 알맞은 문장을 쓰세요.

| | ☒ | ⬜ |
|---|---|---|
| **1.** 너는 왜 화가 났니? | What are you mad? ➡ | |
| **2.** 그는 어느 걸 주문했어? | When did he order? ➡ | |
| **3.** 그들은 어디 살아? | Do they where live? ➡ | |
| **4.** 네 친구는 누구야? | Is your friend who? ➡ | |
| **5.** 그 행사는 언제지? | Which is the event? ➡ | |
| **6.** 넌 그걸 어떻게 했어? | What did you do it? ➡ | |
| **7.** 넌 뭘 원하니? | Do you want who? ➡ | |
| **8.** 그는 여기 왜 있지? | How is he here? ➡ | |

## 의문사의 역할과 종류

**1.**           는 '무엇, 언제, 어디서' 등 구체적인 정보를 물어볼 때 쓰는 말이에요.

**2.** 의문사의 종류는 아래와 같아요.

| 구체적인 정보 | 의문사 | 뜻 |
|---|---|---|
| 누구 | Who | 누구 |
| 사람, 사물의 정체 | | |
| 시간 | | 언제 |
| 장소 | Where | 어디, 어디(에)서 |
| 방법, 상태 | | 어떻게, 어떤 |
| 이유 | Why | |
| 여러 개 중 어느 것 | Which | |

## 의문사 의문문의 어순

**3.** 의문사 의문문에서 의문사는 문장의           에 쓰고, 그 뒤에           어순으로 써요.

**4.** be동사 의문사 의문문은 [           +           + 주어 ~?]의 어순으로 쓰고,

**5.** 일반동사 의문사 의문문은 [           + 조동사(do/can) +           + 동사원형 ~?]의 어순으로 써요.

_____ / 14 문제

# 의문사와 합쳐서 쓰는 말

○ **의문사 [What/Which + 명사]는 '무슨 ~', '어느 ~'라는 의미가 돼요.**

| What + 명사 ➡ 무슨 ~ | Which + 명사 ➡ 어느 ~ |
| --- | --- |
| What color is your dress?<br>네 드레스는 무슨 색이니? | Which bag is more expensive?<br>어느 가방이 더 비싸니? |
| What movie do you like?<br>넌 무슨 영화를 좋아해? | Which book did you read?<br>넌 어느 책을 읽었니? |

○ **의문사 [Whose + 명사]는 '누구의 ~'라는 의미가 돼요.**

Whose phone is this? 이거 누구의 전화기야?
Whose cup did you use? 넌 누구의 컵을 사용했니?

○ **의문사 [How + 형용사/부사]는 '얼마나 ~한/~하게'라는 의미가 돼요.**

| How + 형용사 ➡ 얼마나 ~한 | How + 부사 ➡ 얼마나 ~하게 |
| --- | --- |
| How old is the car?<br>그 차는 얼마나 오래되었나요? | How slowly does it move?<br>그것은 얼마나 느리게 움직이나요? |
| How far is your house?<br>당신의 집은 얼마나 먼가요? | How often do you see her?<br>당신은 얼마나 자주 그녀를 보나요? |

○ **의문사 How 뒤에 many, much를 써서 '얼마나'라는 의미를 만들 수 있어요.**

| How many ➡ (셀 수 있는 것이) 얼마나 (많은) | How much ➡ (셀 수 없는 것이) 얼마나 (많은) |
| --- | --- |
| How many do you have?<br>넌 얼마나(몇 개) 가지고 있니? | How much is it?<br>그것은 (가격이) 얼마입니까? |
| How many books do you have?<br>넌 얼마나 많은 책들을 가지고 있니? | How much juice do you want?<br>넌 얼마나 많은 양의 주스를 원해? |

# GRAMMAR 다음 활동을 하며 문법 규칙을 재미있게 익히세요.

## A 우리말의 밑줄 친 부분에 맞게, 의문사와 명사를 연결하세요.

1. 이거 누구의 신발이야?

2. 그 드라마는 어느 채널이야?

3. 당신은 무슨 사이즈예요?

4. 저거 누구 우산이죠?

5. 네 선생님은 어느 사람이야?

6. 넌 무슨 모양을 원해?

| | |
|---|---|
| **What** 무슨, 어떤 | |
| **Which** 어느 | |
| **Whose** 누구의 | |

- **channel** 채널
- **size** 사이즈
- **umbrella** 우산
- **shape** 모양
- **shoes** 신발
- **person** 사람

## B 주어진 말과 How를 이용하여 문장을 완성하세요.

| '얼마나 ~한/~하게' | → | How + 형용사/부사 |
|---|---|---|
| 1. 당신의 학교는 얼마나 먼가요? (far 먼) | → | How far is your school? |
| 2. 시험은 얼마나 쉬웠어? (easy 쉬운) | → | was the exam? |
| 3. 그건 얼마나 어려웠어? (hard 어려운) | → | was it? |
| 4. 그녀는 얼마나 일찍 왔어? (early 일찍) | → | did she come? |
| 5. 넌 얼마나 많이 썼어? (much 많이) | → | did you spend? |
| 6. 그는 얼마나 강해? (strong 강한) | → | is he? |
| 7. 넌 얼마나 빨리 뛸 수 있어? (fast 빨리) | → | can you run? |
| 8. 그는 얼마나 늙었어? (old 늙은) | → | is he? |

# GRAMMAR 배운 문법을 문제를 통해 확인하세요.

## A 주어진 단어와 What, Which, Whose를 이용하여 다음 문장을 완성하세요.

1. | movie | 이건 무슨 영화야? → _____ _____ is this?

2. | dad | 그는 누구의 아빠야? → _____ _____ is he?

3. | cap | 어느 모자를 원해? → _____ _____ do you want?

4. | food | 무슨 음식이 있어? → _____ _____ is there?

5. | person | 어느 사람을 너는 아니? → _____ _____ do you know?

6. | shoes | 이건 누구의 신발이야? → _____ _____ are these?

7. | time | 지금 몇(무슨) 시야? → _____ _____ is it?

8. | hands | 누구의 손이 더 커? → _____ _____ are bigger?

## B 주어진 형용사나 부사를 이용하여 다음 문장을 완성하세요.

| fast | often | much | many | far | old |

1. 그는 얼마나 많은 시간을 가지고 있니? → [ How ] [ much ] time does he have?

2. 그는 얼마나 빨리 달릴 수 있어? → [      ] [      ] can he run?

3. 그녀는 몇 살이에요?(얼마나 늙은) → [      ] [      ] is she?

4. 넌 얼마나 많은 모자를 가지고 있니? → [      ] [      ] caps do you have?

5. 너는 그를 얼마나 자주 봐? → [      ] [      ] do you see him?

6. 그 장소는 얼마나 멀어요? → [      ] [      ] is the place?

## A  우리말을 보고, 알맞은 것을 고르세요.

1. 그는 지금 <u>어디</u> 계세요?  → ( **Where** / When ) is he now?

2. 너는 <u>얼마나 자주</u> 걷니?  → ( What often / **How often** ) do you walk?

3. 저분은 <u>누구</u>시니?  → ( Whose / **Who** ) is that?

4. 그녀는 <u>왜</u> 행복하니?  → ( **Why** / When ) is she happy?

5. <u>얼마나 많은</u> 펜들이 필요하니?  → ( How much / **How many** ) pens do you need?

6. 그녀는 오늘 <u>어때</u>?  → ( Why / **How** ) is she today?

7. 넌 <u>얼마나 길게</u> 여기 묵을 거야?  → ( How / **How long** ) do you stay here?

8. 이건 <u>누구의</u> 책이니?  → ( **Whose** / Which ) book is this?

## B  알맞은 의문사와 주어진 단어를 넣어 다음 문장을 완성하세요.

| | | |
|---|---|---|
| 1. 그것은 <u>얼마나 작아</u>요? → | How small is it? | small |
| 2. 이건 <u>누구</u> 차예요? → | is this? | car |
| 3. 네 가방은 <u>무슨 색</u>이야? → | is your bag? | color |
| 4. 이건 <u>무슨 영화</u>야? → | is this? | movie |
| 5. <u>어느</u> 넥타이가 맘에 드니? → | do you like? | tie |
| 6. 넌 <u>얼마나 많이</u> 갖고 있어? → | do you have? | many |
| 7. 그건 <u>얼마나 빠른</u>가요? → | is it? | fast |
| 8. 이건 <u>얼마</u>인가요? → | is this? | much |

## 의문사의 역할과 종류

**1.** 의문사는 '무엇, 언제, 어디서' 등 를 물을 때 쓰는 말이에요.

| 묻는 말 | 사람, 사물의 정체 | 시간, 날짜 | 이유 | 방법, 상태 | 장소 | 누구 | 여러 개 중 어느 것 |
|---|---|---|---|---|---|---|---|
| 의문사 | What | | Why | | | | Which |

## 의문사 의문문의 어순

**2.** 의문사 의문문에서 의문사는 에 위치하고, 그 뒤에는 의문문 어순으로 써요.

**3.** be동사는 [의문사 + + 주어 ~?]의 어순으로 쓰고,

**4.** 일반동사는 [ + 조동사(do/can) + 주어 + ~?]의 어순으로 써요.

## [의문사 + 명사] / [의문사 + 형용사/부사]

**5.** [What + 명사]는 '무슨 ~', [ + 명사 ]는 '어느 ~'이라는 의미이고,

**6.** [ + 명사]는 '누구의 ~'라는 의미예요.

**7.** [How + 형용사]는 ' ', [How + 부사]는 ' '라는 의미가 돼요.

**8.** How many는 ' '라는 의미로 것이 얼마나 많은지 물을 때 쓰고,

**9.** How 는 셀 수 없는 것이 얼마나 많은지 묻거나 가격을 물을 때 써요.

_____ / 16 문제

# CHAPTER 누적 복습 CHAPTER 1~8에서 배운 문장을 변형하며 복습하세요.

## &lt;SET 01&gt;

**❶** 그들은 지금 어디 있어요?

➡ _____ are _____ now?

> 대명사
> 의문사

**❷** 그들은 지금 한 소파에 있어요.

➡ _____ are _____ sofa.

> 관사
> 대명사
> 전치사

**❸** 그것은 어느 소파인가요?

➡ _____ is _____ ?

> 명사
> 대명사
> 의문사

**❹** 저 탁자 앞에 그 소파를 보세요.

➡ Look at the sofa _____ that table.

> 전치사

## &lt;SET 02&gt;

**❶** 무슨 색을 이 방들을 위해서 내가 골라야 할까?

➡ _____ _____ should I choose _____ _____ rooms?

> 대명사
> 전치사
> 의문사

**❷** 난 항상 파랑이 빨강보다 더 좋다고 생각했어.

➡ I _____ thought blue is _____ red.

> 부사
> 비교급

**❸** 그런데, 이것들은 누구의 방들이야?

➡ By the way, _____ _____ are _____ ?

> 명사
> 대명사
> 의문사

**❹** 더 작은(small) 것은 너의 것, 더 큰(big) 것은 나의 것이야.

➡ The _____ one is _____ , the _____ one is mine.

> 대명사
> 비교급

# <SET 03>

**❶** 그 장소(place)는 얼마나 멀어(far)?

➡ _____ _____ is _____ _____ ?

**❷** 얼마나 많은 사람들(people)이 그 장소로 올 건가요?

➡ _____ _____ will come _____ the place?

**❸** 얼마나 많은 돈(money)을 그것을 위해 제가 내야 하죠?

➡ _____ _____ _____ do I have to pay _____ it?

**❹** 얼마나 자주 당신은 거기에 가나요?

➡ _____ _____ do you go there?


# <SET 04>

**❶** 저것은 누구의 차(car)야?

➡ _____ _____ is _____ ?

**❷** 넌 어느 차에 대해서 이야기하고 있는 거야?

➡ _____ _____ are you talking _____ ?

**❸** 그 차는 저 나무 옆에 있어.

➡ _____ _____ is _____ _____ tree.

**❹** 몇 번(얼마나 많은 번) 내가 너에게 말해 줘야 해?

➡ _____ _____ times do I have to tell _____ ?

# MEMO